Neues Archiv für Niedersachsen
1/2014

300 Jahre Personalunion

Wachholtz

Grußwort

Von 1640, als Herzog Georg zu Braunschweig-Lüneburg nach zuvor erfolgter Residenznahme in Hannover den Bau des Leineschlosses vollenden ließ, bis 1714, als der hannoversche Kurfürst Georg Ludwig als König Georg I. nach London abreiste, wussten die Hannoveraner ihre Landesherren für fast ein dreiviertel Jahrhundert in ihrer Mitte.

Es folgten jene 123 Jahre der Personalunion, deren Beginn sich 2014 zum 300. Male jährt und die im »Stammland« sowohl Anlass zur öffentlichen Erinnerung als auch zur wissenschaftlichen Aufarbeitung verschiedener Aspekte dieser Periode bietet.

Es ist für mich persönlich wie für meine Familie immer wieder eine Ehre, dass die geschichtlichen Ereignisse, die das Haus Hannover geprägt haben, in der Öffentlichkeit bis heute eine große Würdigung und Wahrnehmung finden. Mein Dank gebührt all denen, die sich für das kulturelle und wissenschaftliche Erbe so unermüdlich einsetzen und es damit für die folgenden Generationen lebendig halten.

Umso mehr freue ich mich, dass neben der großen Landesausstellung »Hannovers Herrscher auf Englands Thron 1714–1837« in Hannover, Celle und auf Schloss Marienburg sowie dem Promotionskolleg Personalunion an der Georgia Augusta in Göttingen auch die Wissenschaftliche Gesellschaft zum Studium Niedersachsens e. V. das Ereignis mit dem vorliegenden Themenheft, das auf das Engste mit dem Haus Hannover verbunden ist, würdigt.

Ich bedanke mich für die nachfolgenden Beiträge und wünsche der Wissenschaftlichen Gesellschaft zum Studium Niedersachsens e. V. weiterhin viel Erfolg.

S. K. H. Erbprinz Ernst August von Hannover
Herzog zu Braunschweig und Lüneburg

Inhalt

Neues Archiv für Niedersachsen 1/2014

300 Jahre Personalunion

5   Vorwort

6   Arnd Reitemeier
    Die Personalunion zwischen Großbritannien
    und Hannover 1714–1837

22   Christian Vogel
    Die Niedersächsische Landesausstellung »Als die Royals aus
    Hannover kamen – Hannovers Herrscher auf Englands Thron«

27   Arnd Reitemeier
    Das Promotionskolleg »Die Personalunion zwischen Groß-
    britannien und Hannover 1714–1837 als Kommunikations- und
    Handlungsraum«

36   Gerd van den Heuvel und Ulrike Weiß
    »Ein unvergängliches Monument im hannoverschen Archiv«.
    Die Urkunden zur Sicherung der hannoverschen Thronfolge
    in Großbritannien

49   Ulrike Weiß
    Die Medaillen auf die Personalunion und auf den
    Regierungsantritt Georgs I.

74   Dieter Brosius
    Die Deutsche Kanzlei – ein Bindeglied zwischen London und
    Hannover in der Zeit der Personalunion

80   Solveig Grebe
    Hinter den Kulissen der Faucitt-Mission: Das hannoversche
    Engagement im Amerikanischen Unabhängigkeitskrieg

97   Timo Evers und Andreas Waczkat
    Musikalischer Kulturtransfer im Kontext der Personalunion?
    Überlegungen zu einer unwägbaren Kategorie in der historischen
    Musikforschung

119   Torsten Riotte
    Großbritannien und das Jubiläum zur 300jährigen Wiederkehr
    der protestantischen Sukzession, 1714–2014

134   Über die Autorinnen und Autoren
135   Impressum

Vorwort

Liebe Leserinnen und Leser,

die Zeit der Personalunion, die für 123 Jahre Hannover und England in der Person des Herrschers verbunden hatte, steht im Jahre 2014 im Mittelpunkt unterschiedlichster Aktivitäten, die an die 300. Wiederkehr des Beginns dieser Epoche erinnern. Auf diese geht das vorliegende Themenheft ebenso ein wie auf ausgewählte Aspekte der wissenschaftlichen Befassung mit Hintergründen, Wechselwirkungen und Nachwirkungen der Personalunion. Wir freuen uns, dass wir für dieses Vorhaben vielfältig Unterstützung und Beiträge aus sachkundiger Feder gefunden haben – so durch den Vorsitzenden des wissenschaftlichen Ausschusses zur Vorbereitung der Landesausstellung und Sprecher des Göttinger Promotionskollegs Prof. Dr. Arnd Reitemeier sowie weitere Wissenschaftlerinnen und Wissenschaftler aus diesem Arbeitszusammenhang. Ihnen allen sowie den weiteren Autorinnen und Autoren gilt unser herzlicher Dank für ihre Mitarbeit – und dieses umso mehr, als sich für das Jubiläumsjahr 2014 Wünsche und Erwartungen Dritter an ihre Expertise gehäuft und ihr Zeitbudget belastet haben.

Wir hoffen, dass sich das Heft als informativer und anregender Baustein sinnvoll in die zahlreichen Aktivitäten des Jubiläumsjahres einfügen und auch danach anregende Lektüre bieten kann.

Für die Wissenschaftliche Gesellschaft zum Studium Niedersachsens (WIG), die das »Neue Archiv für Niedersachsen« herausgibt, ist dieses Heft ein Novum. Es ist das erste Heft, das beim Wachholtz Verlag in Neumünster/Hamburg erscheint. Wir versprechen uns davon, dass dieser Verlag den Vertrieb der Zeitschrift übernimmt, eine noch bessere Verbreitung der von uns herausgegebenen Publikationen. Die Wissenschaftliche Gesellschaft zum Studium Niedersachsens hat sich immer dafür eingesetzt, landeskundliche und planerische mit wirtschaftlicher Kompetenz zu verbinden. Dieses Ziel werden wir weiter verfolgen: Denn der Wachholtz Verlag als einer der führenden Verlage in Norddeutschland, der landeskundliche Literatur herausbringt, gehört zur Murmann Verlagsgruppe, und der Murmann Verlag ist einer der wichtigsten Wirtschaftsverlage in Deutschland. Wir danken dem Wachholtz Verlag für sein Engagement.

Dr. Rainer Ertel
Prof. Dr. Hansjörg Küster

Die Personalunion zwischen Großbritannien und Hannover 1714–1837

Arnd Reitemeier

»(...) in Unserm Abwesen nach Unsern Königreichen jetzt und künftig bis zu anderweiter Verordnung (...) zu achten (...)«, mit diesen Worten erteilte Georg Ludwig, Kurfürst von Hannover, vor seiner Abreise nach London am 29. August 1714 Anweisungen, wie zukünftig Kurhannover zu regieren sei. Ihm war bekannt, dass er auf absehbare Zeit sein Stammland nicht wiedersehen würde, doch er ging mit keiner Silbe darauf ein, dass er zukünftig zusätzlich zu seinem Amt als Kurfürst über Großbritannien als eine der bedeutendsten Mächte Europas mit Besitzungen auf allen bekannten Kontinenten regieren würde. Der Kurfürst war zukünftig »abwesend«. Bereits vor der Krönung des ersten Hannoveraners zum »King of Great Britain« wurde damit erkennbar, dass er zukünftig zwar verfassungsrechtlich als Herrscher über zwei Herrschaftsräume regieren würde, dass diese Territorien aber nicht miteinander verflochten sein würden.

1. Das Zustandekommen der Personalunion

Die Krönung Georgs I. war keine Selbstverständlichkeit und beruhte letztlich auf nur zwei Gemeinsamkeiten: 1. England wie Kurhannover waren protestantisch. 2. Die Welfen waren dynastisch mit den in England und Schottland herrschenden Stuarts verbunden.

England war Anfang des 18. Jahrhunderts konfessionell zerrissen, denn der großen protestantischen Mehrheit standen eine katholische Minderheit sowie die starken calvinistischen Strömungen der Puritaner und Dissenter gegenüber. Der Versuch der Rekatholisierung Englands durch James II. führte zur sogenannten Glorious Revolution, in der das Parlament Wilhelm III. von Holland als Ehemann der Tochter James' II., Mary Stuart, die Herrschaft antrug und beschloss, dass nun alle Könige als Protestanten der Church of England vorstanden.

Grundlage der dynastischen Verbindung war die Heirat der Schwester Heinrichs VIII.

von England, Margaret Tudor, mit König James IV. von Schottland. Dessen Enkelin Maria Stuart regierte Schottland bis 1567, als sie zugunsten ihres Sohnes aus zweiter Ehe, James VI., abdankte. Dieser herrschte nun über Schottland, ab 1603 auch über das Königreich England, nachdem dort Elisabeth I. ohne Nachkommen gestorben war. Als Begründer der Dynastie der Stuarts in England hatte James mit seiner Frau Anna von Dänemark insgesamt neun Kinder, von denen Elisabeth Stuart 1613 Friedrich V. von der Pfalz heiratete. Das zwölfte Kind dieser Ehe war Sophie von der Pfalz, die 1658 Herzog Ernst August zu Braunschweig-Lüneburg zur Frau nahm. Im Jahr 1701 trug nun das englische Parlament im sogenannten *Act of Settlement* Sophie die Krone an.

Politisch gesehen hatte also ein Beschluss des englischen Parlaments die Thronfolge der Hannoveraner begründet: Als sich abzeichnete, dass Queen Anne, Schwägerin von Wilhelm III., kinderlos bleiben würde, griff das Parlament in die dynastische Erbfolge ein und bekräftigte die konstitutionelle Monarchie. Dieser Beschluss war ebenso einmalig wie brisant, denn zugunsten der protestantischen Thronfolge wurden sämtliche katholischen Thronanwärter einschließlich der 1689 vertriebenen Stuarts übergangen. Auch außenpolitisch war der Beschluss von großer Tragweite, weil sich England mit einem deutschen Fürstentum von sekundärer Relevanz verband, auch wenn das Kurfürstentum Hannover seit wenigen Jahren dem Kreis der bedeutenden deutschen Fürstentümer angehörte. England, das seit Jahrhunderten mit Frankreich im Streit lag und das sich seit knapp zwei Jahrhunderten gegen Spanien zur Wehr setzte, ging nach der Krönung Wilhelms III. nun zum zweiten Mal eine Verbindung mit einer Dynastie des Kontinents ein. Es begriff sich damit als protestantische wie als europäische Macht von Rang.[3]

Für das Haus Hannover war der *Act of Settlement* eine Erweiterung seines rasanten politischen Aufstiegs innerhalb des Reichs. Ernst August, Herzog zu Braunschweig und Lüneburg und Fürst zu Calenberg, hatte während seiner Herrschaft kompromisslos für die Machterweiterung gekämpft, deren Grundlage eine umfassende Reform der Verwaltung, eine Neuordnung der Staatsfinanzen und das testamentarisch verfügte Primogeniturrecht bildeten, denn nur der älteste Sohn Georg Ludwig würde Herzogtum und Titel erben, während alle nachgeborenen Söhne abgefunden wurden.[4] Im sogenannten Pfälzischen Erbfolgekrieg hatte der Protestant Ernst August auf der Seite des katholischen Kaisers gekämpft und nachfolgend eine Schaukelpolitik zwischen diesem und dem französischen König verfolgt. Seine Tochter verheiratete er strategisch geschickt und erreichte schließlich, dass der Kaiser dem Herzogtum 1692 die seit dem Ende des Dreißigjährigen Krieges wiederholt im Reich geforderte neunte Kurwürde verlieh. Innerhalb von weniger als einer Generation waren damit die Herzöge von Braunschweig-Lüneburg (Celle) zu einflussreichen Herrschern im Reich aufgestiegen und gehörten zu den ersten unter den protestantischen Fürsten. Diese soziale wie politische Stellung historisch herzuleiten und damit im dynastischen Gefüge des Reichs zu festigen war das Ziel beispielsweise der von Gottfried Wilhelm Leibniz erarbeiteten Geschichte der Welfen.[5]

Die Personalunion mit den in England unbekannten Hannoveranern barg aus der Sicht des Parlaments substanzielle Risiken in allen Bereichen der Politik. Um diese zu minimieren, erließ es eine Vielzahl von Ergänzungen und Konditionen: Der zukünftigen Herrscherin Sophie, nach 1714 dann ihrem Sohn Georg Ludwig, wurde ein jährliches Einkommen aus Steuereinnahmen zugebilligt.[6] Diese vordergründige Geste der Unterstützung und der finanziellen Absicherung bedeutete tatsächlich, dass die Monarchin zukünftig gleichsam auf der Gehaltsliste des Parlaments stand, was dem Selbstverständnis eines souveränen Fürsten des Absolutismus widersprach. Englische Ehren und Titel durften nur an Engländer verliehen, britische Angelegenheiten mussten in Großbritannien selbst entschieden werden, und der Herrscher durfte nach seiner Krönung das Land nur mit Zustimmung des Parlaments wieder verlassen. Der Einsatz englischer Truppen im Kurfürstentum oder zu seiner Verteidigung war verboten, wie überhaupt Finanztransaktionen nach Kurhannover untersagt wurden. Mit all diesen Verfügungen reagierte das Parlament auf Missstände unter Wilhelm III. und suchte seinen Einfluss so weit wie möglich zu wahren.[7] Den Hannoveraner Welfen fiel die Anerkennung des *Acts of Settlement* schwer, sie betonten daher stets die dynastische Kontinuität und rechtfertigten auf diese Weise ihre Ansprüche auf den englischen Thron. Doch letztlich akzeptierten sie auch, dass von englischer Seite keine Verschmelzung beider Herrschaftsräume gewünscht war.

2. Die Personalunion in ihrer Entwicklung

Die Entwicklung der 123 Jahre dauernden Personalunion lässt sich in drei Zeitabschnitte unterteilen, die jeweils von einer Mischung aus außenpolitischen wie inneren und kulturellen Entwicklungen geprägt wurden.

Im ersten Abschnitt etablierten sich Strukturen und Mechanismen der Politik, die sich in der Folge kaum noch änderten, aber Raum für die Adaption kultureller Elemente schufen.[8] Das den Kurfürsten auferlegte Verbot, ihre Stammländer zu besuchen, wurde bereits 1716 aufgehoben. Doch wichtiger war die Herausbildung einer Verwaltung auf die Distanz: Im St. James Palace arbeitete von nun an die sogenannte Deutsche Kanzlei als Dependance der Geheimen Räte in Hannover und organisierte den gesamten für die Administration Kurhannovers notwendigen Schriftverkehr.[9] Jede Form gemeinsamer politischer Institutionen wäre auch vom englischen Parlament scharf abgelehnt worden. Blieb der Kurfürst der Souverän seines Landes unabhängig von seinem Aufenthaltsort, so agierten die Lords Justices in London, wenn die Könige außer Landes waren. Einerseits akzeptierten die Könige damit die Beschränkungen ihrer Macht, aber andererseits versuchten besonders Georg I.

und Georg II. in kontinentaler Tradition die königliche Prärogative auszudehnen.[10] Anders als in Kurhannover lernten die Könige – teils widerstrebend, teils bereitwillig –, mit der politischen Öffentlichkeit einschließlich der breiten Diskussion in den unzensierten Zeitungen umzugehen. Beide Herrscher waren nicht unumstritten, konnten sich aber in den Aufständen von 1715, 1719 und 1745 durchsetzen.

Kurfürst und König waren zwar eine Person, aber sie agierten politisch unterschiedlich. Insbesondere Georg I. sah in der Personalunion ein Konstrukt auf Zeit ohne Vorteil für Kurhannover und verfügte daher testamentarisch ihre Auflösung.[11] Sein Sohn jedoch erkannte in ihr mehr Chancen als Risiken, kassierte das Testament und versuchte, das ökonomische Gefälle zugunsten des Kurfürstentums zu nutzen, und ließ im Widerspruch zum *Act of Settlement* der hannoverschen Kriegskasse versteckt Mittel zukommen.[12] Umgekehrt galt Kurhannover den englischen Kaufleuten als begrenzt lohnenswerter Markt, während das Kurfürstentum kaum über Exportprodukte verfügte.[13] Gewerbe und Manufakturen in Kurhannover orientierten sich in erster Linie regional:[14] Glas- und Spiegelmanufakturen entlang der Weser führten ihre Waren vorwiegend in andere deutsche Länder und weniger nach Großbritannien aus.

Umfang und Anzahl der ökonomischen und kulturellen Kontakte zwischen beiden Herrschaftsräumen waren begrenzt, aber beispielsweise mit der aktiven Begünstigung der lutherischen Mission in Nordamerika trafen die Herrscher Entscheidungen von langfristig großer Bedeutung. Hierzu gehört auch die Gründung der Universität Göttingen, die maßgeblich vom Geheimen Rat Gerlach Adolph von Münchhausen betrieben und ausdrücklich von Georg II. unterstützt wurde.[15] London entwickelte sich zur europäischen Kulturmetropole, in der – auch dank der Unterstützung des Hofes – Musiker wie Georg Friedrich Händel reüssierten.

In der zweiten Phase der Personalunion von ca. 1762 bis zur Besetzung Kurhannovers durch die französische Armee 1803 gewannen die Kommunikation und der Austausch an Eigenständigkeit und Umfang. Dies galt in neuer Weise auch den Hof: Georg III. bezeichnete sich als Brite und regierte Hannover stets nur aus der Ferne, da er keinen seiner Versuche, nach Hannover zu reisen, umsetzen konnte. Für ihn war Großbritannien eine separate Einheit mit eigenen politischen Interessen, die völlig vom Kurfürstentum Hannover als seinem privaten – und zunächst ungeliebten – Besitz getrennt war.[16] Doch mit der Amtsübernahme verschob sich seine Wahrnehmung, und er bezeichnete Kurhannover bald als sein ›deutsches Vaterland‹.[17] Zeit seines Lebens verteidigte er die Integrität der Personalunion wie die Souveränität des Kurfürstentums. Hierbei profitierte Georg III. zunächst von einer Phase relativen Friedens infolge der ökonomischen Erschöpfung aller Beteiligten durch den Siebenjährigen Krieg. In der öffentlichen Wahrnehmung wurde der König zur Symbolfigur Großbritanniens, auch weil er seine Stellung innerhalb der konstitutionellen Monarchie akzeptierte. Seine breiten Interessen – auch die seiner Frau – initiierten wiederholt Möglichkeiten des kulturellen und wissenschaftlichen Austauschs: Mit Georg Friedrich Lichtenberg oder auch den Geschwistern Friedrich Wilhelm und Caroline Herschel erfuhr eine kleine Gruppe anglophiler Wissenschaftler Förderung, die zur Bekanntheit der Universität Göttingen im englischsprachigen Raum beitrug.[18] Weitere Gelehrte sowie Anna Vandenhoeck und Carl Friedrich Günther Ruprecht als Verleger machten Göttingen nach und nach zu einem der wichtigsten Zentren der Übersetzung britischer Literatur und der Rezeption und Imitation britischer Kultur.[19] Der kleinen Anzahl britischer Reisender nach Deutschland stand eine große Gruppe norddeutscher Reisender und Auswanderer nach Großbritannien und Amerika gegenüber. Zugleich setzte in der britischen Wirtschaft im letzten Drittel des 18. Jahrhunderts – sowohl infolge der Mechanisierung und bald der Industrialisierung als auch im Kontext des wachsenden globalen Handels – ein Entwicklungsschub ein, von dem die Hannoveraner Wirtschaft allerdings zunächst nicht erfasst wurde.

In der dritten Phase ab 1803 brachen die meisten der beschriebenen Kontakte infolge der Besetzung Kurhannovers durch die Franzosen und die Kontinentalsperre ab, doch zugleich verselbständigte sich die deutsche Anglophilie unter Rückgriff auf den britischen Freiheitsdiskurs.[20] Manifestation der von breiten Bevölkerungsschichten getragenen Ablehnung der französischen Besatzung war die sogenannte King's German Legion, das Hannoveraner Korps von ca. 18.000 Mann in britischen Diensten, das auf zahlreichen Schauplätzen kämpfte und dem insbesondere in der Schlacht von Waterloo eine zentrale Rolle zufiel.[21] Sowohl die militärische Erinnerung der gemeinsamen Waffenbrüderschaft einschließlich der Auszeichnung der Offiziere und Mannschaften als auch der soziale Faktor der Altersversorgung und Versorgung der Witwen und Waisen waren von integrativer Wirkung weit über 1837 hinaus. Aktiver als zuvor trat Großbritannien außenpolitisch für den Erhalt Kurhannovers ein und setzte dessen Erhebung zum Königtum 1814/15 auf dem Wiener Kongress durch. Trotz seiner vielfältigen privaten Interessen kam Georg IV. während seiner Regentschaft ab 1811 und seiner Herrschaft ab 1820 seinen Verpflichtungen nach und besuchte sogar 1821 das Königreich Hannover.[22]

Besetzung und Isolierung des Kurfürstentums zwischen 1803 und 1813/14 vertieften die Diskrepanzen zwischen der Hannoveraner Ökonomie und der exportorientierten britischen Wirtschaft. Im Königtum Hannover dauerte es bis in die dreißiger Jahre des 19. Jahrhunderts, dass Reformen in den Bereichen Grundherrschaft, Landwirtschaft und Gewerbe die Voraussetzungen für eine zumindest in der Region zwischen Hannover und Göttingen beginnende Industrialisierung schufen. Wilhelm IV. versuchte sowohl in Großbritannien als auch im Königreich Hannover eine Reihe innenpolitischer Reformen, von denen das Staatsgrundgesetz und die erweiterte Zusammensetzung der zweiten Kammer der Ständeversammlung die wichtigsten waren.[23] Die Universität Göttingen knüpfte an ihre vor 1789 erworbene Bedeutung an und entwickelte sich zum zentralen Träger von Kultur und Wissenschaft über die Grenzen des Königreichs Hannover hinaus. Anders als in Großbritannien gab es jedoch im Königreich Hannover ein lediglich rudimentär entwickeltes Bürgertum, das nun englische Gebräuche und Konsumgewohnheiten in intensivierter Form übernahm. Letztlich aber entwickelten sich die beiden Herrschaftsräume in den letzten 25 Jahren der Personalunion teils zeitverschoben und teils unterschiedlich. Georg IV. und nachfolgend Wilhelm IV. überließen das Tagesgeschäft den Ministern und Geheimen Räten wie Ernst Friedrich Herbert Graf von Münster. Am Ende der Personalunion gab es zwischen beiden Herrschaftsräumen eine tiefere politische Divergenz als je zuvor. In Großbritannien stand man Hannover in einer Weise gleichgültig gegenüber, wie es zuletzt im 17. Jahrhundert gewesen war, während man sich in Hannover wie in anderen Teilen Deutschlands für alles Britische in niemals zuvor erreichtem Maß begeisterte.[24]

3. Unverbundenheit in Politik und Verwaltung

Mit dem eingangs zitierten Reglement von 1714 behielt sich der Kurfürst grundsätzlich die letzte Entscheidung vor. Allerdings konnten die Geheimen Räte, wie die Minister genannt wurden, unter den festgelegten Bedingungen eine gewisse Verantwortung zu übernehmen, also beispielsweise im Fall eines Angriffs die Streitkräfte kommandieren, die Stände einberufen oder Supliken bearbeiten. Letztlich aber legten die Räte in der Regel die Entscheidungen dem Kurfürsten in London vor. Damit etablierte sich eine Verwaltungspraxis, in der sämtliche Angelegenheiten, die sonst mündlich vorgetragen, mit dem Kurfürsten abgesprochen und von diesem entschieden worden wären, in Schriftform zwischen den Geheimen Räten in Hannover und dem Monarchen in London ausgehandelt wurden. Folglich war jeweils einer der Geheimen Räte am Hof in Hannover und trug stellvertretend die aus London übersandten Sachverhalte vor resp. erhielt Anweisungen vom Kurfürsten.[25] Eine Reihe von Sekretären setzte dann die Entscheidungen in Schriftform um. Die Folge war ein außerordentlich umfangreicher Kanzleiverkehr. Dieser wurde von weiteren Briefen an die Sekretäre und Geheimen Räte begleitet, in denen diese jenseits der offiziellen Korrespondenz ihre Vorschläge erläuterten, ergänzende Vorschläge unterbreiteten etc. Weil immer einmal wieder Briefe verloren gehen oder abgefangen werden konnten, wurde die meiste Korrespondenz verschlüsselt. Es wäre aber zu wenig, die »Deutsche Kanzlei« am Hof von St. James auf die Organisation der Kommunikation auf die Distanz zu beschränken. Sie hatte auch eine soziale Komponente, denn die Geheimen Räte bildeten eine zahlenmäßig begrenzte und miteinander verflochtene politische Elite.[26] Auch die Sekretäre in Hannover wie in London kannten einander.

Politik und Verwaltung des Kurfürstentums blieben von denen Großbritanniens getrennt und hatten lediglich dieselbe

Person als Herrscher, doch schon die leitenden deutschen und britischen Minister wussten phasenweise nicht von der Politik im jeweils anderen Herrschaftsraum, obwohl sie teilweise sogar in enger Nachbarschaft wohnten, da sich rund um den St. James's Palace und Whitehall die Häuser sowohl der führenden britischen Politiker als auch der Geheimen Räte aus Hannover konzentrierten.[27] In Großbritannien bildete sich bereits unter Georg II. das Amt des *Prime Minister* heraus, der, gestützt auf die Mehrheit im *House of Commons* und getragen vom Vertrauen des Monarchen, die Tages- und zunehmend die Außenpolitik bestimmte sowie den Staatshaushalt aufstellte. Gleichsam Erbe der Personalunion ist seit 1735 das Haus Downing Street 10 Amtssitz des britischen Premierministers, das seit 1720 der Krone gehörte und in dem bis 1732 der Hannoveraner Geheime Rat Johann Kaspar von Bothmer gewohnt hatte.[28] Stets erstatteten britische Diplomaten zuerst der Regierung und sekundär dem Monarchen Bericht, während Hannoveraner Gesandte immer direkt an den Kurfürsten schrieben. Während Georg I. und Georg II. noch – ganz kontinentaler Politik verhaftet – ihren politischen Einfluss auszudehnen versuchten, akzeptierte Georg III. seine konstitutionelle Stellung und räumte seinen Ministern immer größere Spielräume ein, die infolge der Passivität Georgs IV. rasch wuchsen. Erst nach dem ersten Drittel des 19. Jahrhunderts kam es in Hannover zu einer ähnlichen Entwicklung, wo schließlich auf der Grundlage des Staatsgrundgesetzes von 1833 eine beschränkte Ministerverantwortung galt.

Die Unverbundenheit der Herrschaft in der Personalunion offenbarte sich in der Regierungssprache: Die Könige ab 1714 beherrschten mehr oder weniger fließend Englisch, aber sie kommunizierten mit ihren englischen Ministern zunächst vorwiegend in der *lingua franca* der europäischen Höfe, also auf Französisch, teilweise auch auf Englisch, ab 1760 nur noch auf Englisch. Die Sprache der Deutschen Kanzlei wie der Regierung in Hannover war hingegen Deutsch, selten Französisch. Die Sprachbarrieren beschränkten die Möglichkeiten gemeinsamen politischen Handelns. Weder in Großbritannien noch in Kurhannover verstand der gemeine Mann die jeweils andere Sprache, auch wenn die Verwendung englischer Phrasen im Zuge der deutschen Anglophilie zu Beginn des 19. Jahrhunderts in höheren Kreisen Mode wurde. Zu einer Symbiose kam es hingegen in der deutschen Wissenschaft, in der Englischkenntnisse die Rezeption britischer Forschung und Literatur beförderten. Folgerichtig schuf man 1751 in Göttingen den ersten Lehrstuhl für englische Sprache in Deutschland.

Die Verwaltung Kurhannovers auf die Distanz war nur möglich auf der Grundlage eines regelmäßigen und leistungsfähigen Postverkehrs. Bereits zu Beginn des 18. Jahrhunderts verband ein Netz von teils staatlich, teils privat organisierten Überlandpostverbindungen die Metropolen und Städte Europas. Die englische Royal Mail wie die Kurhannoversche Post waren staatliche Monopole, die unabhängig von der Personalunion zu einer Verdichtung des europäischen Kommunikationsnetzes im Verlauf des 18. und frühen 19. Jahrhunderts beitrugen, in das zunehmend die Kolonien und Staaten in Übersee einbezogen wurden. Jedoch schwoll die Menge der zwischen Hannover und London transportierten Akten auf anfangs unvorstellbare Mengen an, da aus Hannover alle Vorgänge von Bedeutung in Kopie nach London geschickt wurden, weil die Kurfürsten detaillierte Vorschriften erließen und ausführliche Berichte verlangten.[29] Standardmäßig pendelten Postkutschen zweimal pro Woche in beide Richtungen, im Ausnahmefall bewältigten Kuriere die Strecke in wenigen Tagen, große Frachttransporte wurden in wenigen Monaten abgewickelt.[30] In der Regel benötigte die Post für eine Richtung ungefähr eine Woche. Dieser Postverkehr konnte die Grenzen unbehelligt und zollfrei passieren. Was eigentlich der Regierung diente, durften mit Genehmigung des Kurfürsten einzelne Personen und ausgewählte Institutionen kostenlos mitnutzen: So konnte beispielsweise die Universitätsbibliothek Göttingen neu erscheinende Bücher über Londoner Agenten erwerben und sowohl kostengünstig als auch schnell mit der Diplomatenpost nach Göttingen transportieren lassen.[31] Von diesem Kommunikationsweg profitierten besonders die Mitglieder der intellektuellen Elite der Personalunion, selbst dann, wenn sie Teil von Netzwerken jenseits des politischen Rahmens der Personalunion waren.

4. Transfer und Parallelität in Wirtschaft, Kultur und Wissenschaft

Die Entwicklung der Medien in Umfang, Reichweite und Frequenz prägte die Kommunikation in der Zeit der Personalunion. Briefe waren ein traditionelles und in ihrer Zahl beständig zunehmendes Kommunikationsmittel. Zeitungen erreichten immer breitere Schichten der Bevölkerung, doch während in Großbritannien seit der Aufhebung der Zensur 1695 der Zeitungsmarkt florierte, musste sich in Hannover erst eine freie Presse entwickeln, und vielfach druckten eher Hamburger als Hannoveraner Zeitungen Berichte aus London. Gelehrte Journale, deren inhaltliche Vielfalt geradezu sprunghaft wuchs, erreichten im Zeitalter der Aufklärung schnell große Leserkreise; Übersetzungen wichtiger Texte und Bücher kursierten in immer kürzerer Zeit und zunehmender Auflage; gedruckte Kompositionen änderten den Musikmarkt.[32] Die regelmäßige und kostengünstige Kommunikationsachse zwischen Hannover und London als der Hauptstadt des europäischen Kulturmarktes sicherte den Regierungen wie den Intellektuellen und Gelehrten wichtige Vorsprünge in der entstehenden Öffentlichkeit – umso gravierender wirkte sich ihre Unterbrechung während der Kontinentalsperre aus.

In der britischen Wahrnehmung des frühen 18. Jahrhunderts war Hannover ein uninteressantes kleines armseliges Fürstentum, von Ackerbau geprägt und vielfach unzugänglich. Briten reisten im Zuge einer *grand tour* lieber von den Niederlanden rheinaufwärts über die Schweiz nach

Italien.³³ Lediglich Mitglieder der sozialen und politischen Elite wussten – mehr oder weniger unvollständig – um die geografische Lage und politische Details. Kurhannovers wechselseitige Stereotype verhinderten eine umfassende Wahrnehmung, und besonders in der britischen Presse durchlief die Rezeption Deutschlands vielfältige Konjunkturen, wie Karikaturen zeigen. Auch die Reisen der Herrscher trugen wenig zu einer Annäherung bei: Von der großen Entourage Georgs I., die zu seiner Krönung nach London gereist war, blieben langfristig nur wenige Dutzend Deutsche am Hof in London, sich letztlich als eigene Gemeinschaft nicht in die Londoner Gesellschaft einfügend.³⁴ Umgekehrt begleiteten jeweils nur kleine Delegationen den britischen Monarchen nach Hannover.

In Großbritannien kam es jedoch gegen Ende des 18. Jahrhunderts zu einer Umdeutung der kulturellen Wahrnehmungsmuster: Folge der allmählichen Ablösung des Klassizismus durch die Romantik war die Entstehung eines positiven Bildes deutscher Landschaft und Kultur; nun erschien das Rohe und Barbarische des frühen 18. Jahrhunderts als geheimnisvoll, ursprünglich und frei von negativen Zivilisationseinflüssen. Doch auch nach dem Sieg über Napoleon zog es kaum Briten nach Norddeutschland, so dass etwa Thomas Hodgskin für seinen ausführlichen Reisebericht durch das Königreich Hannover kaum Käufer fand.³⁵ Die Napoleonischen Kriege verschärften vielmehr die kulturelle Trennung, da sich das Interesse englischer Künstler zunehmend Indien und China zuwandte. Umgekehrt blickte das im Königreich Hannover erwachende Bürgertum nach London: Vauxhall Gardens in London war gerade wegen der öffentlichen Verfügbarmachung von Kunst und besonders Musik ein europaweit beachteter Vergnügungspark, der auch von Mitgliedern der Königsfamilie besucht und dessen Konzept in modifizierter Form in Hannover übernommen wurde.³⁶ Vielen Adligen galt der englische Landschaftsgarten als ein Ideal, das sie zu kopieren trachteten, während der *Regency Style* mit dem Niedergang von Versailles nach 1789 zum stilbildenden Element in der Hannoveraner Architektur wurde, so dass sich etwa Georg Ludwig Friedrich Laves für seine großen Bauprojekte nach 1815 an diesem englischen Vorbild orientieren konnte.³⁷

Schon lange vor der Krönung Georgs I. fanden Importgüter der britischen Handelsgesellschaften auch in Norddeutschland ihre Käufer. Bereits 1677 eröffnete in Hamburg das erste Kaffeehaus³⁸, und zu den frühesten Einrichtungen des universitären Lebens in Göttingen gehörte ab 1737 die sogenannte London Schenke.³⁹ Zum Konsum von Tee, Kaffee und Schokolade kamen das Kauen und Rauchen von Tabak. Rezeption und Imitation britischer Kultur verstärkten sich also infolge der Personalunion.⁴⁰ Englische Literatur wurde in Deutschland immer populärer, wie die Übersetzungen Shakespeares durch Wieland und Eschenburg belegen.⁴¹ Neu in England erscheinende Dramen und besonders Romane wurden mehrheitlich binnen Jahresfrist auf Deutsch etwa in Leipzig oder Göttingen verlegt.⁴² Im Bereich der Musik übernahm man immer mehr in Großbritannien geschriebene Kompositionen wie auch die insbesondere von Händel eingeführte Praxis, geistliche Musik in nichtkirchlichen Räumen aufzuführen.[43] Die Personalunion intensivierte ein wenig den Kulturtransfer – aber überwiegend in Richtung Kurhannover und kaum bidirektional. Dies aber ist wenig verwunderlich, denn London war die vermutlich bedeutendste Kulturmetropole Europas mit einem rasch wachsenden internationalen Kunstmarkt, in der nur wenige Deutsche reüssierten.

Gemeinsamkeiten im gesellschaftlichen Diskurs, beispielsweise bei der Frage nach Freiheit, nach dem Verhältnis zwischen dem Leben in der Natur und in der Stadt, nach den ökonomischen und politischen Zwängen, beschäftigten Intellektuelle in Deutschland und Großbritannien. Doch es blieb bei individuellen Transferleistungen, ein wechselseitiger Kulturaustausch fand nicht statt. Bald nachdem sich britische wie deutsche Politiker und Intellektuelle mit der Französischen Revolution als Basis neuer politischer wie philosophischer Ideen auseinandersetzen mussten, wurden die bilateralen Kontakte und Reisemöglichkeiten durch die Napoleonischen Kriege eingeschränkt. Frankophobie und Anglophilie entwickelten sich synchron im Kurfürstentum.

Im Bereich der Wissenschaft war das wechselseitige Verhältnis von anderer Qualität: Strebten die Hannoveraner Geheimen Räte unter Georg II. und Georg III. zunächst nur danach, in Göttingen eine herausragende Universität zu etablieren, so ergab sich aus manchen Zufälligkeiten und guten Rahmenbedingungen eine Eigendynamik mit Folgen für das bilaterale Verhältnis. Die Universität Göttingen profilierte sich zunächst als Universität des Adels und etablierte sich damit als Station der *grand tour* vieler Briten auf ihrer Bildungsreise durch Europa. Entscheidend wurde der rationale Anspruch der Aufklärung in Forschung und Lehre, den herausragende Wissenschaftler wie Michaelis, Haller, Segner oder Mayer europaweit festigten.[44] Die Göttinger Sternwarte war dank des persönlichen Interesses Georgs III. ähnlich gut ausgestattet wie das Royal Observatory in Greenwich.[45] Einzelne Wissenschaftler wie Blumenbach bauten in Göttingen akademische Sammlungen auf und begründeten damit Lehrtraditionen und Wissenschaftszweige, die anschließend auch in Großbritannien aufgegriffen wurden.[46] Im Bereich der Medizin war beispielsweise das Göttinger Accouchierhaus die erste akademisch geführte Entbindungsklinik überhaupt. Insbesondere wegen der vom Kurfürsten begünstigten Beschaffung englischer Literatur etablierten sich alle Fakultäten der Universität Göttingen als Knotenpunkte des wissenschaftlichen Austausches nicht nur zwischen Deutschland und Großbritannien.[47] Dieses Kontaktnetz wurde durch die vielen britischen Studenten noch verstärkt.[48]

Ansätze zu einem wechselseitigen Austausch bot die Religion: Als Könige von England standen die Kurfürsten der anglikanischen Kirche vor, als Könige von Schottland waren sie Mitglieder der presbyterianischen Kirche.[49] Die von Heinrich VIII. initiierte *ecclesia Anglicana* war liturgisch eng mit dem Katholizismus verbunden und umschloss zugleich ein sehr breites protestantisches Spektrum. Von ihr waren lediglich die Katholiken, die Calvinisten und die Dissenter, also die Mitglieder diverser Freikirchen wie Baptisten, Puritaner und Quäker, ausgeschlossen. Als Lutheraner lebten die Hannoveraner Herrscher eine von der Church of England akzeptierte Form des Protestantismus. Tatsächlich verhielten sie sich gleichsam religiös indifferent. In England besuchten die Könige grundsätzlich anglikanische Messen, in Hannover hingegen lutherische Gottesdienste. Die aus Hannover stammenden Vertrauten und Bediensteten nahmen an den Gottesdiensten der lutherischen Hofkapelle im St. James's Palace teil, deren Prediger mehrheitlich Pietisten waren, während das Konsistorium in Hannover ein orthodoxes Luthertum vertrat.[50] Als Könige und Kurfürsten begünstigten die Herrscher die lutherisch-pietistische Mission von Heinrich Melchior Mühlenberg und anderen in Nordamerika.[51] Zugleich aber waren die Herrscher sich der theologischen und liturgischen Details ihrer politischen Handlungen wohl bewusst, denn beispielsweise wehrte sich Georg III. 1791 gegen den *Roman Catholic Relief Act*, den er als Verstoß gegen seinen Krönungseid betrachtete. Auch kannten die Könige um den politischen Einfluss der vielfach aus dem Großbürgertum stammenden Dissenter, die bereits vor 1714 eine Delegation nach Hannover entsandt hatten und sich insbesondere bei innenpolitischen Krisen wie den Aufständen der Jakobiten loyal hinter die Krone stellten.[52]

Technologisch gab es bedeutende Unterschiede zwischen Großbritannien und Deutschland, um die man in Kurhannover wohl wusste: Der Wandel in der englischen Tuchwirtschaft beschleunigte sich seit der Mitte des 18. Jahrhunderts infolge der Erfindung der mechanischen Spinnmaschine und des mechanischen Webstuhls, nachfolgend auch durch den Einsatz der Dampfmaschine. Der umfassende Einsatz der Dampfkraft beruhte auf der Steigerung der Eisen- und Stahlproduktion sowie auf der Erhöhung der Kohleförderung. Großbritannien konnte hierfür eigene Eisenerz- und Kohlevorkommen dank technologischer Neuerungen in der Bergwerks- und Pumpentechnik nutzen. Auch wurde die britische Verkehrsinfrastruktur ausgebaut, denn die Vorkommen an Bodenschätzen, die Produktionsstätten und Absatzzentren wurden rasch durch ein dichtes Netz an privat finanzierten Kanälen und Straßen, später auch Eisenbahnen erschlossen. Der zunächst eher kleinen Tuchindustrie folgten die Glas-, Porzellan- sowie die Eisen- und Stahlindustrie, die sowohl für den Verkauf in Großbritannien als auch für den Export nach Europa und in die Kolonien produzierten. Eine solche Verflechtung von technischen Neuerungen, Ausbau der Infrastruktur und Steigerung des Handelsvolumens gab es in Kurhannover schon deshalb nicht, weil es über nur geringe Bodenschätze verfügte. Auch wenn die Kurfürsten bereits zu Beginn des 18. Jahrhunderts Bergbauinspektoren aus dem Harz nach Schottland zur Besichtigung der dortigen Maschinen schickten, so setzte man im Harz doch weiterhin auf Wasserkraft als Antriebsenergie, da die notwendigen Kohlevorkommen nicht gegeben waren.[53] Die von Thaer und der Celler Landwirtschaftsgesellschaft angeregten agrarwirtschaftlichen Neuerungen speisten sich anfangs aus England, entfalteten aber erst langfristig im 19. Jahrhundert ihre Wirkung.[54] Während die Hannoveraner Pferdezucht von aus England importierten Hengsten profitierte, scheiterten viele andere Technologietransferversuche am Beharrungsvermögen der landwirtschaftlich orientierten politisch-ökonomischen Elite Kurhannovers, obwohl die Herrscher wie auch die Geheimen Räte um manche Defizite wussten. Nach dem Vorbild englischer Vereine gründete Georg II. 1750 die »Brandassecurationssozietät« als ersten Versicherungsverein des Kurfürstentums.[55] Georg III. ließ nach britischem Vorbild ab 1764 Chausseen und Kanäle bauen.[56] Doch anders als in Großbritannien waren diese staatlichen Maßnahmen auf keine industriellen Produktions- und Absatzzentren ausgerichtet und blieben somit ohne durchschlagenden Erfolg. Auch verfügte Kurhannover – anders als Großbritannien – nicht über ein effizientes System der Steuererhebung. Die den Kurfürsten zur Verfügung stehenden Mittel speisten sich vorwiegend aus den Erträgen der Domänen. Gelegentlich aber hatte der Absolutismus Kurhannovers auch Vorteile. Die Notwendigkeit der kartografischen Erfassung ihrer Territorien standen Georg II. wie seinem Nachfolger vor Augen, doch während eine flächendeckende Kartierung in England am Widerstand der Großgrundbesitzer scheiterte, wurde die 1764 begonnene kurhannoversche Landesaufnahme vollständig und wissenschaftlich präzise zu Ende geführt.[57] Sie erlaubt bis heute eine Visualisierung der Verhältnisse der Zeit selbst kleinster Dörfer. Letztlich aber gab es in Kurhannover kein exportgetriebenes Wirtschaftswachstum. Der technische und wirtschaftliche Rückstand zu Großbritannien konnte erst im weiteren Verlauf des 19. Jahrhunderts verringert werden.

5. Die Personalunion – ein Vor- oder Nachteil für Hannover und Großbritannien?

Von Beginn an war die Personalunion nicht auf eine politische oder ökonomische Annäherung angelegt – eine weitergehende Realunion wie zwischen England und Schottland hatte das englische Parlament von Beginn an im *Act of Settlement* grundsätzlich ausgeschlossen. Das kulturelle, technologische und ökonomische Gefälle führte schwerpunktmäßig in der zweiten Hälfte des 18. Jahrhunderts zu Transferleistungen Richtung Hannover. Stets aber war die Personalunion eine Verknüpfung innerhalb Europas, deren Wesen nur in einem großen Kontext zu verstehen ist. Orientierte man sich Anfang des 18. Jahrhunderts noch an der höfischen Kultur, so weitete sich um die Jahrhundertwende die Perspektive. Der subventionierte Postverkehr entwickelte sich zum Informationskanal, dessen Regelmäßigkeit Rezeptionsprozesse des ausgehenden 18. Jahrhunderts bis hin zur Anglophilie begünstigte. Doch letztlich entwickelte Hannover in nur wenigen Bereichen Gestaltungskraft, dafür profitierte es in der Asymmetrie von dem sich festigenden Empire. Folgerichtig blieben nach 1837 in Hannover Erinnerungen, besonders an die *King's German Legion*, bestehen, während in Großbritannien das Auseinandergehen im Zeichen des internationalen Wachstums wie der Bewältigung innerer Probleme stand.[58] So agierten das Kurfürstentum resp. das Königreich Hannover und Großbritannien während der Personalunion in vielem nebeneinander und entwickelten sich höchst unterschiedlich und waren doch – in Europa – durch vielfältige Elemente der Politik, der Kultur und der Wissenschaft im Zeitalter der Aufklärung im ungleichen Austausch miteinander verbunden.

Anmerkungen

1. Gekürzter und abgeänderter Beitrag des vollständig im Katalog der Landesausstellung »Hannovers Herrscher auf Englands Thron« veröffentlichten Aufsatzes. Nachweise mussten auf wenige Literaturhinweise beschränkt werden.
2. Drögereit 1949, 5.
3. Vgl. Press 1986, neuer Kampmann 2012.
4. Weiterhin grundlegend Schnath 1932–1982.
5. Finster und van den Heuvel 2013.
6. Reitan 1966.
7. Mörke 2007.
8. Thompson 2010.
9. Grundlegend Bühring 2012.
10. Hatton 1978 und Thompson 2010.
11. Drögereit 1949, 25–35, bes. 27.
12. Bühring 2012.
13. Reuner 1998.
14. Kaufhold und Denzel 2000.
15. Hölscher 2011.
16. Black 2006.
17. Blanning 1977.
18. Hoskin 2011.
19. Echarti 2014.
20. Grundlegend Maurer 1987.
21. Davis 2000.
22. Smith 1999.
23. Kurz Real 1972.
24. Maurer 1987.
25. Bühring 2012.
26. Ausführlich Lampe 1963.
27. Bühring 2012.
28. Bühring 2012.
29. Bühring 2012.
30. Bühring 2012.
31. Jefcoate 1996.
32. Evers und Waczkat 2014.
33. Geyken 2002.
34. Lampe 1963 und Bühring 2012.
35. Unverhaun 2012.
36. Weisser 2013.
37. Müllenbrock 1997, Hammer-Schenk 1989.
38. Thiele-Dormann 1999.
39. Borcherding 2007.
40. Brewer und Trentmann 2006.
41. Willenberg 2008.
42. Eck 2005.
43. Monheim 1999.
44. Wolpers 2001, neuer Biskup 2007.
45. Kipp 2013.
46. Kipp 2012.
47. Biskup 2007.
48. Oehler 2014.
49. Sirota 2014, zur Church of Scotland Stephen 2013.
50. Jetter-Staib 2013.
51. Wellenreuther 2013.
52. Wykes 2010.
53. Bühring 2013.
54. Ulbricht 1980.
55. 250 Jahre Brandkasse 2000.
56. Baldermann 1968.
57. Schnath 1963.
58. Zur King's German Legion und ihrem Nachleben Heinzen 2014.

Literatur

250 Jahre Landschaftliche Brandkasse Hannover: Hannover 2000.

Baldermann, Udo: Die Entwicklung des Straßennetzes in Niedersachsen von 1768-1960. Schriften der Wirtschaftswissenschaftlichen Gesellschaft zum Studium Niedersachsens e.V., Neue Folge, A 87, Hildesheim 1968.

Biskup, Thomas: The university of Göttingen and the Personal Union 1737-1837. In: Riotte und Simms 2007, 128-160.

Black, Jeremy: George III. America's last King. New Haven, London 2006.

Blanning, Timothy C.W.: »That horrid Electorate« or »Ma Patrie Germanique«? George III, Hanover, and the Fürstenbund of 1785. The Historical Journal 20(2), 1977, 311-344.

Borcherding, Marit: Das Michaelishaus in Göttingen. Geschichte, Gelehrte, Gegenwart. Göttingen 2007.

Bosbach, Franz, Hermann Hiery und Christoph Kampmann (Hrsg.): Imperium/Empire/Reich. Ein Konzept politischer Herrschaft im deutsch-britischen Vergleich. An Anglo-German Comparison of a Concept of Rule. Prinz-Albert-Studien 16, München 1999.

Brewer, John, und Frank Trentmann (Hrsg.): Consuming cultures. Global perspectives, historical trajectories, transnational exchanges. Oxford 2006.

Bühring, Benjamin: Verwaltung und Personalunion. Die Deutsche Kanzlei in London und die English Chancery in Hannover als Träger der Personalunion zwischen Großbritannien und Kurhannover 1714-1760. Diss. phil. masch. Göttingen 2012.

Davis, Gwen (Hrsg.): The King's German Legion: Records and Research. Maidenhead 2000.

Drögereit, Richard (Hrsg.): Quellen zur Geschichte Kurhannovers im Zeitalter der Personalunion mit England 1714-1837. Quellenhefte zur niedersächsischen Geschichte 2, Hildesheim 1949.

Eck, Reimer: Originalgenie, Ossian, Münchhausen und Leonore. Literarische Beziehungen zwischen Göttingen und Großbritannien im späteren 18. Jahrhundert. In: Elmar Mittler (Hrsg.): »Eine Welt allein ist nicht genug«: Großbritannien, Hannover und Göttingen (1714-1837). Göttingen 2005, 436-450.

Evers, Timo, und Andreas Waczkat: Musikalischer Kulturtransfer im Kontext der Personalunion? Überlegungen zu einer unwägbaren Kategorie in der historischen Musikforschung. Neues Archiv für Niedersachsen (in diesem Band).

Finster, Reinhard, und Gerd van den Heuvel: Gottfried Wilhelm Leibniz. Mit Selbstzeugnissen und Bilddokumenten. Reinbek bei Hamburg, 7. Aufl. 2013.

Hammer-Schenk, Harold (Hrsg.): Laves und Hannover: niedersächsische Architektur im neunzehnten Jahrhundert. Ausstellung »Vom Schloß zum Bahnhof, Bauen in Hannover« des Landes Niedersachsen. Institut für Bau- und Kunstgeschichte der Universität Hannover und der Landeshauptstadt Hannover. Historisches Museum, vom 13.10.1988 bis zum 8.1.1989. Hannover 1989.

Hatton, Ragnhild: George I: Elector and King, London 1978.

Heinzen, Jasper: Die Königlich Deutsche Legion: Waffenbrüderschaft als Medium des gesellschaftlichen Dialogs zwischen Deutschland und Großbritannien, 1803–1850. In: Ronald Asch und Thomas Vogtherr (Hrsg.): Großbritannien, Hannover und Nordwestdeutschland im Zeitalter der Personalunion 1714–1837. Die hannoversche Thronfolge und die Folgen. Göttingen 2014 (in Vorbereitung).

Hölscher, Steffen: Zwischen Legitimation und Lustbarkeit. Der Besuch Georgs II. an der Universität Göttingen 1748. Göttinger Jahrbuch 59, 2011, 41–69.

Hoskin, Michael: Discoverers of the Universe. William and Caroline Herschel. Princeton 2011.

Jefcoate, Graham: Wilhelm Philipp Best und der Londoner Buchhandel. Ein deutscher Diplomat im Dienst der Universitätsbibliothek Göttingen im 18. Jahrhundert. Leipziger Jahrbuch zur Buchgeschichte 6, 1996, 199–210.

Jetter-Staib, Christina: Der Londoner Hofprediger Friedrich Michael Ziegenhagen (1694–1776) zwischen Halle, England, Indien und Nordamerika. Hallische Forschungen 34, Halle 2013.

Kampmann, Christoph: Die Personalunion und die europäische Sicherheit. Großbritannien, Hannover und Nordwestdeutschland im Zeitalter der Personalunion 1714–1837 – Die hannoversche Thronfolge und die Folgen. Osnabrück 2012.

Kaufhold, Karl Heinrich, und Markus A. Denzel (Hrsg.): Der Handel im Kurfürstentum/Königreich Hannover (1780–1850). Studien zur Gewerbe- und Handelsgeschichte der vorindustriellen Zeit 22, Stuttgart 2000.

Kipp, Michaela: Wissen im Kasten. Das Königlich Akademische Museum zu Göttingen im Kontext der Personalunion zwischen Großbritannien und Hannover 1714–1837. In: Georg-August-Universität Göttingen (Hrsg.): Dinge des Wissens. Die Sammlungen, Museen und Gärten der Universität Göttingen. Göttingen 2012, 60–68.

Michaela Kipp: Patronage, Wissenstransfer und Stiftungspolitik – Beiträge zur Geschichte der Astronomie unter der Personalunion zwischen Großbritannien und Hannover (1714–1837). In: Arnd Reitemeier und Uwe Ohainski (Hrsg.): Aus dem Süden des Nordens. Studien zur niedersächsischen Landesgeschichte für Peter Aufgebauer zum 65. Geburtstag. Bielefeld 2013, 271–284.

Lampe, Joachim: Aristokratie, Hofadel und Staatspatriziat in Kurhannover. Die Lebenskreise der höheren Beamten an den kurhannoverschen Zentral- und Hofbehörden 1714–1760. 2 Bde. Veröffentlichungen der Historischen Kommission für Niedersachsen 24, Untersuchungen zur Ständegeschichte Niedersachsens 2, Göttingen 1963.

Maurer, Michael: Aufklärung und Anglophilie in Deutschland. Göttingen 1987.

Monheim, Annette: Händels Oratorien in Nord- und Mitteldeutschland im 18. Jahrhundert. Schriften zur Musikwissenschaft aus Münster 12, Eisenach 1999.

Mörke, Olaf: Wilhelm von Oranien (1533–1584). Fürst und »Vater« der Republik. Stuttgart 2007.

Müllenbrock, Heinz-Joachim: Aufklärung im Zeichen der Freiheit – das Vorbild Englands. In: Jürgen von Stackelberg (Hrsg.): Zur geistigen Situation der Zeit der Göttinger Universitätsgründung 1737. Göttingen 1997, 144–166.

Press, Volker: Kurhannover im System des Alten Reiches 1692–1803. In: Adolf M. Birke u.a. (Hrsg.): England und Hannover. München u.a. 1986, 53–79.

Real, Willy: Der hannoversche Verfassungskonflikt von 1837. Göttingen 1972.

Reitan, Earl A.: The Civil List in Eighteenth-Century British Politics. Parliamentary Supremacy versus the Independence of the Crown. Historical Journal 9, 1966, 318–337.

Reuner, Thomas: Wirtschaft und Öffentlichkeit. Handelsinteressen und außenpolitische Konzeptionen im Wirtschaftsdiskurs in England 1739–1756. Aachen 1998.

Schnath, Georg: Die ältesten topographischen Landesaufnahmen und Flurvermessungen in Niedersachsen. Neues Archiv für Niedersachsen 12, 1963, 94–103.

Sirota, Brent S.: The Christian Monitors. The Church of England and the Age of Benevolence, 1680–1730. Yale 2014.

Stephen, Jeffrey: Defending the revolution. The Church of Scotland 1689–1716. Farnham 2013.

Thiele-Dohrmann, Klaus: Europäische Kaffeehauskultur. München 1999.

Thompson, Andrew C.: George II. King and Elector. New Haven, London 2010.

Ulbricht, Otto: Englische Landwirtschaft in Kurhannover in der zweiten Hälfte des 18. Jahrhunderts. Ansätze zu historischer Diffusionsforschung. Schriften zur Wirtschafts- und Sozialgeschichte 32, Berlin 1980.

Unverhaun, Katja: Ein unkonventioneller Blick auf deutsche Provinz. Die Fußreise des Thomas Hodgskin durch das nördliche und mittlere Deutschland. Diss. phil. masch. Göttingen 2012.

Weisser, Jürgen: Zwischen Lustgarten und Lunapark. Der Volksgarten in Nymphenburg (1890–1916) und die Entwicklung der kommerziellen Belustigungsgärten. München 2. Aufl. 2013.

Wellenreuther, Hermann, Thomas Müller-Bahlke und A. Gregg Roeber (Hrsg.): The Transatlantic World of Heinrich Melchior Mühlenberg in the Eighteenth Century. Wiesbaden 2013.

Willenberg, Jennifer: Distribution und Übersetzung englischen Schrifttums im Deutschland des 18. Jahrhunderts. München 2008.

Wolpers, Theodor: Göttingen als Vermittlungszentrum englischer Literatur im 18. Jahrhundert. In: Reinhard Lauer (Hrsg.): Philologie in Göttingen. Sprach- und Literaturwissenschaft an der Georgia Augusta im 18. und beginnenden 19. Jahrhundert. Göttinger Universitätsschriften: Serie A, Schriften, 18, Göttingen 2001, 91–136.

Wykes, David: Religious Dissent, the Church, and the Repeal of the Occasional Conformity and Schism Acts, 1714–1719. In: Robert D. Cornwall und William Gibson (Hrsg.): Politics, Religion and Dissent, 1660–1832: Essays in Honour of James E. Bradley. London 2010, 165–184.

Die Niedersächsische Landesausstellung »Als die Royals aus Hannover kamen – Hannovers Herrscher auf Englands Thron«

Christian Vogel

Die größte Landesausstellung in der Geschichte des Landes Niedersachsen findet vom 17. Mai bis zum 5. Oktober 2014 in fünf verschiedenen Ausstellungshäusern in Hannover und Celle statt. Seit 2009 laufen die Planungen für dieses Ereignis, mit dem Niedersachsen an die Besteigung des englischen Königsthrons durch den hannoverschen Kurfürsten als Georg I. erinnert.

Beteiligt sind – neben dem im Projekt federführenden Landesmuseum Hannover – das Museum Schloss Herrenhausen, das Historische Museum Hannover, das Wilhelm Busch – Deutsches Museum für Karikatur und Zeichenkunst und das Residenzmuseum im Celler Schloss. Die Hauptausstellung »Hannovers Herrscher auf Englands Thron 1714–1837« findet im Landesmuseum Hannover auf über 2000 Quadratmeter Ausstellungsfläche und im Museum Schloss Herrenhausen statt. Die anderen Häuser vertiefen mit Themenausstellungen wichtige Aspekte des Themas: Die Vorgeschichte der Personalunion wird am originalen Schauplatz des Celler Residenzschlosses präsentiert, das Historische Museum widmet sich ganz einem seiner besonders herausragenden Exponate, der großen Staatskutsche, in der König Georg IV. 1821 Hannover besuchte, und das Museum Wilhelm Busch zeigt britische Karikaturen seit der Personalunion.

Deutlich wird in allen fünf Ausstellungen, dass sich eine Darstellung zum Jubiläum der Personalunion im Jahr 2014 nicht damit begnügen kann, die Erlangung der britischen Königswürde durch die Welfen zu feiern. Vielmehr geht es darum, die vielfältigen Verbindungen aufzuzeigen, die in dieser Zeit zwischen so unterschiedlichen staatlichen Gebilden wie dem Kurfürstentum Hannover und dem Königreich Großbritannien entstanden.

Schon im Ausstellungsdesign der Hauptausstellung im Landesmuseum Hannover wird dies deutlich: Den Besucher empfängt eine farblich zweigeteilte Ausstellung. Auf der blauen Seite werden die britischen Entwicklungen dargestellt, auf der anderen Seite in der niedersächsischen Landesfarbe Rot die Themen, die mit Hannover zusammenhängen. Am Anfang strikt getrennt, werden im Verlauf der Ausstellung verschiedene Interaktionen deutlich. Es gibt Momente, in denen beide Sphären engen Bezug aufeinander nehmen, und Bereiche, bei denen sie getrennt bleiben. So können die Besucher schon durch die Aufteilung der Farben erkennen, wie stark die Auseinandersetzung untereinander bei bestimmten Ereignissen war. Die grundsätzlich chronologische Gliederung der Ausstellung anhand der Könige von Georg I. bis Wilhelm IV. wird durch in Weiß gehaltene »Themeninseln« unterbrochen, die sich bestimmten Phänomenen der Personalunion zeitübergreifend widmen. Weitere Inseln stellen Personen dar, »Akteure«, die während der Zeit der Personalunion eine bedeutende Rolle spielten. An vier passenden Stellen erlauben »Fenster« Blicke auf die anderen Ausstellungsstandorte.

Im ersten Raum geht es im Landesmuseum um die Vorgeschichte der Personalunion. Die Sphären sind noch getrennt in Rot und Blau. Auf der roten Seite steht die Anwartschaft auf den Thron zur Diskussion mit einem kurzen Blick auf das Kurfürstentum Hannover vor der Personalunion sowie auf Kurfürstin Sophie und »ihr« Herrenhausen. Auf der Gegenseite ist entsprechend die Thronfolge das beherrschende Thema. Hier ist die Prachturkunde des wegweisenden *Act of Settlement* zu bewundern, und die Besucher machen die Bekanntschaft der Königin Anna, die ohne überlebende Kinder verstarb. Als wichtigste Voraussetzung der englischen Thronfolgeregelung ist die Frage der Konfession zu begreifen, daher ist die Themeninsel ganz dieser Frage gewidmet. Gottfried Wilhelm Leibniz als Vertrauter der Kurfürstin und Fürsprecher der hannoverschen Sukzession ist der Akteur dieses Ausstellungsteils. Am Ende des Raums ist als Blickfang in Vergrößerung und daneben im Original die berühmte Medaille von Vestner aus dem Jahr 1714 zu sehen, auf der das Welfenross nach England springt.

Ein großformatiges Portrait von Georg I. im Krönungsornat verweist schon auf den nächsten Raum, in dem gleich zu Beginn eine der großartigsten Leihgaben aus der Sammlung ihrer Majestät der Königin Elisabeth II. zu bewundern ist: die Königskrone des ersten Welfen auf dem englischen Thron, die aus dem Londoner Tower ihren Weg nach Hannover gefunden hat. Daneben werden die bestimmenden Themen des Regierungsantritts präsentiert: die Frage der Verwaltung, des Hofstaats, der Bündnispolitik und der häufigen Reisen nach Hannover. Auch die Gegenkräfte im Inneren und Äußeren werden angesprochen. Wo es um den Regierungsantritt eines Deutschen in Großbritannien geht, darf eine Themeninsel »Sprache« nicht fehlen. Hier wird jedoch nicht nur auf die offensichtlichen Probleme des Spracherwerbs hingewiesen, sondern auch weiter gefasst auf die Herausforderungen, denen sich das Weltreich Großbritannien im Handel mit außereuropäischen Regionen stellen musste. Als Akteur tritt Jonathan Swift auf, dessen berühmtes Buch *Gullivers Reisen* ursprünglich kein Kinderbuch, sondern eine handfeste politische Satire auf die Zeit des Regierungsantritts Georgs I. war.

Die Regierungszeit seines Sohnes Georg II. war geprägt von kriegerischen Auseinandersetzungen im österreichischen Erbfolgekrieg und im Aufstand der Jakobiten, der in Schottland blutig niedergeschlagen wurde. Ein wenig als Kontrast wirken hier die prachtvollen Silbermöbel, die für Georgs Hofkultur stehen, eine Leihgabe von S. K. H. Ernst August Erbprinz von Hannover. Hier darf auch der Hinweis auf Georg Friedrich Händel nicht fehlen; die Besucher werden jedoch ebenso mit weiteren Komponisten am Hof Georgs II. bekannt gemacht. Auch in diesem Teil werden die Besuche in Hannover ausführlich gewürdigt. Georgs Frau, Caroline von Ansbach, wird als Akteurin vorgestellt. Eine Niedersachsen und Großbritannien perfekt verbindende Themeninsel widmet sich dem Thema »Pferde«, denn diese spielen nicht nur im typisch britischen Sport des Pferderennens eine Rolle, sondern sind insbesondere in Celle durch die Gründung des Landgestüts (1735) und in Hannover mit der Tierärztlichen Hochschule (1778) präsent.

Die Zeit Georgs III. wird als die Zeit der großen Entdeckungen und wachsenden Verbindungen präsentiert. Höhepunkt ist hier der »Goldene Brief«, der in der Leibniz-Bibliothek aufbewahrt wird – und daneben passend die Themeninsel zu den Kolonien in Indien und Nordamerika. Als Akteure werden die Geschwister Wilhelm und Caroline Herschel vorgestellt, deren riesiges Spiegelteleskop den Raum beherrscht. Wissen und Wissenstransfer ist ein weiteres Thema – hier dargestellt anhand der Gründung der Universität Göttingen und der Entdeckungen dieser Zeit –, seien es die Reisen von James Cook zu entlegenen Südseeinseln oder die Innovationen zum Beispiel in Bergbau und Landwirtschaft, in Medizin und Chemie. Die Zeit Georgs III. war am Ende jedoch auch geprägt durch den Kampf mit Napoleon, dessen Truppen Hannover besetzten und damit dem englischen Einfluss entzogen. Diese Ausstellungseinheit wird in einem kleineren, quasi exterritorialen Raum gezeigt, der dem Strom der Besucher etwas entzogen ist. Die Geschichte der King's German Legion in der napoleonischen Zeit kann hier nachvollzogen werden.

Der letzte Raum der Ausstellung im Landesmuseum schließlich stellt die Regentschaft von Georg IV., sein Repräsentationsbedürfnis im nach dieser Epoche benannten Regency-Stil und sein Wirken als König dar. Akteurin ist die Schriftstellerin Jane Austen, die dem Prinzregenten ihren Roman »Emma« widmete. Es ist auch die Zeit der großen Reise, der »Grand Tour« der reichen Gentlemen auf den Kontinent, nach Italien und in das Rheintal, weshalb dem Aspekt des Reisens eine Themeninsel gewidmet ist. Schließlich endet die Ausstellung mit einem Blick auf den »Sailor King« Wilhelm IV. und seine Reformen, auf den hannoverschen Hofarchitekten Laves als Akteur und mit einem Blick auf den internationalen Handel am Beispiel des Tees.

Der zweite und deutlich kleinere Teil der Hauptausstellung im Museum Schloss Herrenhausen erzählt zunächst vom jungen Kurfürstentum Hannover am Vorabend und in den ersten Jahren der Personalunion sowie von der barocken Lebenswelt. Im Westflügel des Schlosses werden nach 200 Jahren die Höhepunkte der bedeutenden Sammlung von Antiken und Gemälden des unehelichen Sohnes Georgs II., Johann Ludwig von Wallmoden-Gimborn, aus internationalen Museen erstmals präsentiert. In mühevoller, detektivischer Kleinarbeit ist es gelungen, die bei einer Auktion im Jahr 1818 in alle Welt zerstreuten Werke dieser Sammlung wieder zusammenzuführen, die seinerzeit zu den ersten Antikensammlungen zählte, die es auf deutschem Boden gab.

Die Zeit Georgs IV. steht im Fokus der Ausstellung »Eine Kutsche und zwei Königreiche« im Historischen Museum Hannover und damit der goldene Staatswagen, der 1783 für den Kronprinzen in London gebaut worden war und 1814 nach Hannover transportiert wurde. Als Georg 1821, ein Jahr nach seiner Königskrönung, Hannover besuchte, war es 66 Jahre her, dass ein englischer König aus dem Welfenhaus seine norddeutschen Lande besucht hatte, denn sein Vater hatte Großbritannien nie verlassen. Die Ausstellung wirft Schlaglichter auf die politische, kulturelle und wirtschaftliche Situation während der Zeit der Regentschaft und Herrschaft von Georg IV. Damit werden auch die Veränderungen thematisiert, die die Erhöhung Hannovers zum Königreich nach den Napoleonischen Kriegen hervorrief.

Einen besonders spannenden Aspekt der Personalunion hat sich das Museum Wilhelm Busch – Deutsches Museum für Karikatur und Zeichenkunst herausgesucht. »Königliches Theater! Britische Karikaturen aus der Zeit der Personalunion und der Gegenwart« beleuchtet die anhaltende königliche Sichtbarkeit in der britischen Karikatur von den Welfen bis zu den Windsors der Gegenwart. Repräsentative Bildnisse werden den Bildern ihrer komisch-satirischen Dekonstruktion gegenübergestellt. Ein Epilog behandelt die aktuell durchaus wieder zur Diskussion stehende Freiheit der Presse und ihre Grenzen.

Die Ausstellung im Residenzmuseum im Celler Schloss führt schließlich in die Vorgeschichte der Personalunion ein. Hier geht es um die Zeit vor 1714, als die Grundlage für die Herrschaft der Welfen auf dem englischen Thron gelegt wurde. Es werden die beiden Stränge der Entwicklung – ein Wandel des Herrschaftsverständnisses in Großbritannien und der machtpolitische Aufstieg des Welfenhauses in Hannover – dargestellt, die schließlich in den *Act of Settlement* mündeten, in dem Sophie von Hannover vom britischen Parlament als rechtmäßige Thronfolgerin bestimmt wurde.

Die großangelegte Niedersächsische Landesausstellung ist nicht nur eine Chance, die niedersächsische Identität mit dem Wissen um ihre Geschichte zu prägen, sondern auch eine große Herausforderung für alle beteiligten Häuser. Die wissenschaftlichen Kontakte zu den britischen Kolleginnen und Kollegen werden die weitere Arbeit der Kulturinstitutionen in Hannover und Celle nachhaltig fördern. Die Wertschätzung der Landesausstellung drückt sich auch darin aus, dass die Royal Collection Ihrer Majestät Elisabeth II. den hiesigen Museen eine so hohe Anzahl an Leihgaben zugebilligt hat, wie es noch nie geschehen ist. Doch auch andere britische Institutionen wie das British Museum, das Victoria & Albert Museum oder das National Maritime Museum in Greenwich zeigten sich äußerst großzügig. Dass die Welfen auf dem Königsthron nach den Verwerfungen zweier Weltkriege auch in Großbritannien längst rehabilitiert sind, zeigen auch mehrere Ausstellungen in London, die sich ebenfalls der Zeit widmen, »als die Royals aus Hannover kamen«.

Das Promotionskolleg »Die Personalunion zwischen Großbritannien und Hannover 1714–1837 als Kommunikations- und Handlungsraum«

Arnd Reitemeier

Die Krönung von Georg I., Kurfürst von Braunschweig-Lüneburg (Hannover), verschob die politischen Kräfteverhältnisse in Europa und hatte Folgen für Europa und den transatlantischen Raum. Mit der Verbindung zwischen dem auf dem Kontinent gelegenen Kurfürstentum und dem Königreich Großbritannien wurde verfassungsrechtlich ein Raum geschaffen, der einen wechselseitigen kulturellen, politischen und ökonomischen Austausch ermöglichte, dessen Folgen weit über die Krönung und die beiden Territorien hinausreichten und die bis heute spürbar sind.[1]

Das seit 2011 an der Universität Göttingen beheimatetet Promotionskolleg konzentriert sich auf die Auswirkungen und Folgen der Personalunion im deutschen, europäischen und transatlantischen Kontext unter Einbeziehung neuer europäischer und amerikanischer Forschungsdiskurse. Es begreift die Union des Kurfürstentums Hannover mit dem Königreich Großbritannien als Kommunikations- und Handlungsraum und damit als ein Konstrukt, das nicht durch die Krönung eines Monarchen, sondern durch die Wahrnehmung der Akteure konstituiert wurde und in dem Internationalität von Kultur und Gesellschaft, Politik und Administration sowie Ökonomie verankert war.

Ausgangspunkt der Forschung ist die Erkenntnis, dass die Geschichtswissenschaft der Personalunion wiederholt Beachtung geschenkt hat, diese jedoch vorwiegend als bilaterales verfassungshistorisches Ereignis begriff und somit die kulturhistorischen internationalen Weiterungen weitgehend ausblendete. Die deutschsprachige Forschung zur Personalunion konzentrierte sich lange Zeit besonders auf hannoversche Themenkomplexe, zum Beispiel das hannoversche Staatspatriziat oder einzelne Aspekte der Verwaltungsstrukturen des Kurfürstentums, wie sie insbesondere von Schnath verfolgt wurden.[2] Haases doppelbändige Biographie zu Ernst Brandes und mehrere Arbeiten zu Ernst Friedrich Herbert Graf Münster stehen beispielhaft für diesen Ansatz.[3] Grundgedanken zu einem Neuverständnis der Personalunion gehen besonders auf britische Forschungen, vor allem Hattons Arbeiten zur Frühzeit der Personalunion zurück.[4] Die zunehmend systematische Auswertung sowohl deutscher als auch britischer Archive führte in den letzten zwanzig Jahren zu einer allmählich weniger klischeehaften Bewertung der bilateralen Beziehungen zwischen Großbritannien und Hannover in der ersten Hälfte des 18. Jahrhunderts.[5] Etliche Autoren verfolgten in ihren umfangreichen Studien biographische Ansätze.[6] Auch wurde die europäische Dimension der Personalunion aufgezeigt.[7] Kulturwissenschaftlich ausgerichtet waren beispielsweise Untersuchungen zur Wahrnehmung des jeweils anderen Landes durch Reisende.[8] Koenigsberger brachte zudem den Begriff der »composite statehood« als bedeutendes Merkmal der frühneuzeitlichen englischen Geschichte in die Forschungsdiskussion ein.[9] Neue Konzepte wie die des »continental commitment«[10] und des »protestant interest«[11] lösten sich von traditionellen Mustern, eröffneten die Perspektive für das Begreifen der Verbindung als bilateralen Handlungsraum. Arbeiten von Simms, Thompson, Harding, Riotte und Black betonten die Bedeutung der Verbindung vor dem Hintergrund dynastischer und kultureller Gemeinsamkeiten und Unterschiede.[12] Die geschichtswissenschaftliche Beschränkung einer Verortung Großbritanniens als Zentrum eines weltweiten *Empire* wurde durch die Forderung aufgebrochen, die Bindungen und Verwicklungen in die kontinentaleuropäische Politik stärker zu würdigen und zu untersuchen.[13] Die Neubewertungen und das gesteigerte Interesse an der Personalunion fanden einen vorsichtigen Widerhall auch in der deutschen Forschung, auch wenn die Forschung mit Wellenreuther konstatierte, dass die Personalunion in beiden Ländern »ohne jede Folgewirkung« nach 1837 geblieben sei.[14] Dann legte eine diplomatiegeschichtliche Studie vor, während sich Richter-Uhlig mit den Reisen Georgs II. nach Hannover und damit mit einem Aspekt monarchischer Kultur beschäftigte.[15] Wiederholt wurden an der Universität Göttingen wirtschafts-, agrar- und militärhistorische Themen aus Anlass von Jubiläen und Ausstellungen verfolgt.[16]

Ausgehend von der zentralen Einsicht des *spatial turn*, den Raum als von den jeweiligen Akteuren erst in Kommunikation und Interaktion hergestellte Relation zu begreifen, versteht nun das Promotionskolleg die Personalunion als Kommunikations- und Handlungsraum.[17] Gebildet wurde dieser Raum im engeren Sinne durch die im Rahmen der Union handelnden Akteure und deren Wahrnehmung, seien es einzelne Personen, Gruppen oder Institutionen, und im weiteren Sinn im Austausch mit den außerhalb dieses Rahmens wirkenden Einflussfaktoren. Dies hat zur Folge, dass von keinem eigenständigen und einheitlichen Kulturbegriff ausgegangen wird, sondern Kulturen als dynamische Prozesse in fortlaufendem wechselseitigem Austausch verstanden werden.[18] Die Gesellschaften waren bereits zu Beginn der Personalunion miteinander verflochten, so dass nun die Veränderungen und damit die Transferprozesse, die kulturellen Synchronitäten und

Hybriditäten untersucht werden. Schließlich wird die Personalunion in ihrem Verlauf bewusst als ein Raum betrachtet, der über die traditionelle Epochengrenze hinaus existierte, was es ermöglicht, traditionelle Zuschreibungen der geschichtlichen Zeitabschnitte in Frage zu stellen und übergreifende Entwicklungen zu betrachten.

Das kulturwissenschaftliche Profil des Kollegs umfasst besonders historische, anglistische, musikwissenschaftliche, sammlungs- und medienhistorische Ansätze in ihrer gesamten Breite. Die Personalunion baute einerseits auf im Jahr 1714 bereits bestehenden transterritorialen Netzwerkstrukturen auf und führte andererseits zur Entstehung neuer und unterschiedlicher Interaktionsräume. Hierzu gehörten Institutionen wie die Georg-August-Universität Göttingen ebenso wie auf den kulturellen Transfer ausgerichtete Medien wie beispielsweise gelehrte Journale. Letztlich entstanden – besonders an der Universität Göttingen – im Zuge der Aufklärung Wissens- und Informationsräume, die auf ihre spezifische Prägung durch die Personalunion untersucht werden. Leitende Fragestellungen sind daher u. a., wie grenzüberschreitende Kulturvermittlung generiert wurde und wie Diskurse zueinander standen und sich beeinflussten.

Das Promotionskolleg stellt fünf Themenkomplexe in das Zentrum seiner Arbeit, die besonders auf den derzeit einschlägig diskutierten kulturhistorischen Forschungsansätzen basieren und auf eine räumliche und thematische Weiterung der bisherigen Forschung zielen.

1. Der Themenkomplex »Ästhetik im Austausch – Zum Transfer kultureller Praktiken in Musik und Literatur« nimmt die wechselseitigen Transfer- und Rezeptionsprozesse in den Blick und widmet sich vornehmlich der Literatur- und der Musikwissenschaft. Diese Prozesse werden auf einer materiellen, medialen und institutionellen ebenso wie auf einer ideellen Ebene erforscht, da vor allem die ästhetischen Grundlagen kultureller Praktiken rezipiert wurden. Die Personalunion schuf die Basis für die Konstitution kultureller Räume, in denen Akteure in unterschiedlichen Bereichen den Austausch von Wissen und Praktiken zwischen Hannover und England beförderten. Hierzu trug beispielsweise der in dieser Zeit entstehende Kunstmarkt bei, der in London eines seiner Zentren hatte. Im Kontext der Personalunion geschaffene Institutionen wie u. a. die Georg-August-Universität in Göttingen führten ihrerseits zu wirkmächtigen deutsch-englischen kulturellen Rezeptions- und Austauschprozessen. Hierzu gehörten beispielsweise die Aufenthalte britischer Studenten in Göttingen sowie direkte Transferleistungen durch Übersetzungen, Rezensionen und Korrespondenzen. In der Musik kam es zu einem besonders umfangreichen, vielfach aber einseitigen Austausch zwischen Großbritannien und Hannover, bei dem nur wenige Musikschaffende als aktive bilaterale Mittler fungierten, bei dem aber Aufführungspraktiken und Werke nicht zuletzt infolge des Musikdrucks in Deutschland rezipiert wurden. So verdichteten sich viele empirisch-individuelle Wahrnehmungen besonders in Göttingen zu Wissensdiskursen, die nun in ihren Wirkungen untersucht werden.

2. Ein zweiter Bereich versteht besonders die universitären Sammlungen als Räume wissenschaftlichen Austausches und universitärer Inszenierung. Im Zentrum steht das Göttinger »Königlich Akademische Museum«. Während sich die bisherigen Forschungen zumeist aus disziplinengeschichtlicher Perspektive auf einzelne Teile des heute verstreuten Sammlungsbestandes konzentriert haben, werden nun die Sammlungen insgesamt als Medium königlichen Mäzenatentums und Raum von wissenschaftlicher Selbstvergewisserung und von zirkulierendem Wissen erschlossen. So wird die bisher kaum erforschte Verschränkung der regen Stiftungspolitik des Kurfürsten (Akademisches Museum, Cook/Forster-Sammlung, Gaußsche Sternwarte) und des Königs in England (Kew Gardens and Observatory, King's Library, Royal Science Collection) untersucht. Hierzu gehört auch, dass einzelne Wissenschaftler mit Hilfe der Sammlungen normative Ordnungen und Wissensformen schufen, die rasch rezipiert und weiterentwickelt wurden.

3. Der Themenkomplex »Jenseits von Grenzen – Hannover und die Personalunion als Konstrukt fürstlicher Diplomatie« konzentriert sich auf die Wahrnehmung der Personalunion im Heiligen Römischen Reich sowie auf die Versuche der britischen Monarchen, auf die Politik im Reich Einfluss zu nehmen. Damit werden die Auswirkungen der staatsrechtlich-politischen Verbindung sowohl auf die europäische Staatenwelt als auch auf die Wahrnehmung der handelnden Fürsten und ihrer Diplomaten untersucht. Inhaltlich wie methodisch werden die aktuellen Entwicklungen in der internationalen bzw. transnationalen Geschichtsschreibung sowie der neuen Diplomatiegeschichte aufgegriffen.[19] Dies gilt besonders bei der Frage nach den Wahrnehmungsmustern britischer Diplomaten im Reich sowie ihrer Zusammenarbeit mit den Hannoveraner Gesandten, beispielsweise auf dem Regensburger Reichstag.

4. Der Themenkomplex »Herrschaft durch Verwaltung – Räume und Praktiken der Administration« konzentriert sich auf die Herrschaftspraxis im Kurfürstentum Hannover, also in einem Fürstentum, dessen Fürst erreichbar war, der sich aber dauerhaft außerhalb seines Landes aufhielt. So war beispielsweise die Georg-August-Universität in vergleichsweise geringem Maße direkten Interventionen des Herrschers ausgesetzt und profitierte von den entstehenden Freiräumen. Auch musste die Verwaltung Kurhannovers auf die Distanz organisiert werden: Die sogenannte Deutsche Kanzlei wird entgegen der bisherigen Forschung weniger als Einrichtung, sondern vielmehr als Kommunikationsstruktur begriffen, deren bilaterale Transferleistungen nun analysiert werden. Es werden also ihre materielle Organisation, wie die handelnden Personen als Mediatoren zwischen dem fernen Herrscher und der sich immer stärker herausbildenden Regierung untersucht.

5. Der Themenkomplex »Kulturen des Krieges – Strukturen organisierter Gewalt zwischen ›Reich‹ und ›Empire‹« nimmt auf zentrale Ereignisse des 18. Jahrhunderts Bezug, die wiederholt zu militärischem Eingreifen Englands auf dem Kontinent führten. Der für das Gesamtprojekt grund-

legende Gedanke des »entanglement« und der wechselseitigen Wahrnehmungen und Beeinflussungen ist gerade im Bereich des Militärischen besonders virulent. So liegt ein Fokus auf den zwischen 1783 und 1792 in Indien tätigen Hannoveraner Infanterie-Regimentern, deren Alltagsleben, Versorgung, Besoldung und Status ebenso untersucht werden wie ihr Umgang mit dem Klima und der fremden Kultur.

Das Promotionskolleg kooperiert wissenschaftlich eng mit dem Deutschen Historischen Institut London. In der Lehre ist das Kolleg mit der Göttinger Graduiertenschule für Geisteswissenschaften (GSGG) verbunden.

Das Ministerium für Wissenschaft und Kultur des Landes Niedersachsen unterstützt das Promotionskolleg aus Mitteln des Niedersächsischen VW-Vorab.

Trägerkreis an der Universität Göttingen

Prof. Dr. P. Aufgebauer (Institut für Historische Landesforschung)

Dr. D. Collet (seit 2013 Universität Heidelberg)

Dr. W. Enderle (Staats- und Universitätsbibliothek Göttingen)

Prof. Dr. M. Füssel (Seminar für Mittlere und Neuere Geschichte)

Prof. Dr. M. Jakubowski-Tiessen (Seminar für Mittlere und Neuere Geschichte, stellv. Sprecher)

Prof. Dr. A. Reitemeier (Institut für Historische Landesforschung, Sprecher)

Prof. Dr. B. Schaff (Englisches Seminar)

Prof. Dr. A. Waczkat (Musikwissenschaftliches Seminar)

KollegiatInnen und Forschungsthemen

Benjamin Bühring: Die hannoversche Deutsche Kanzlei als Trägerin der Personalunion zwischen Großbritannien und Hannover 1714–1770

Karolin Echarti, M.A.: Britisch-deutscher Wissenschaftstransfer im Zeitraum der Personalunion am Beispiel der Universität Göttingen

Timo Evers, M.A.: Bach nach London, Händel nach Hannover: August Friedrich Christoph Kollmann als musikalischer Mittler im Raum der Personalunion

Solveig Grebe, M.A.: Politische Selbst- und Fremdwahrnehmung britischer und hannoverscher Diplomaten im Reich unter den Vorzeichen der Personalunion, ca. 1772–1792

Steffen Hölscher, M.A.: Universität und Staatsbildung. Halle, Göttingen und die Dynamiken von Herrschaft im 18. Jahrhundert

Dr. Michaela Kipp (Postdoktorandin, Koordinatorin): Im Netz der Dinge – Sammlungen als Kommunikationsräume

Johanna Oehler, M.A.: Britische Studenten an der Universität Göttingen 1770–1837 als Akteure des kulturellen und wissenschaftlichen Transfers

Johanna Schatke, M.A.: Religiöse Musik als verbindendes Kulturgut innerhalb des Kommunikationsraums »Personalunion«

Sune Schlitte: Kunst im sozialen Raum – Ästhetische Distinktionspraktiken im Kommunikations- und Handlungsraum der Personalunion zwischen Großbritannien und Hannover (1714–1837)

Sara Schlüter: Hannoversche Soldaten im Dienst der British East India Company 1781–1793

Anmerkungen

Ich danke Herrn B. Bühring für seine Hilfe.
1   Siehe zuletzt Riotte 2012.
2   Schnath 1938–1982, bes. Bd. IV, 1982.
3   Haase 1974 und 1981, auch Brauer 1962, Conrady 1967, Grieser 1952, prosopographisch Lampe 1963.
4   Hatton 1978 und 1982.
5   Siehe z.B. Blaning 1977, Black 2005, Smith 2006.
6   Smith 1999, Black 2006, Thompson 2010.
7   Birke und Kluxen 1986, ausführlich Simms und Riotte 2007, Simms 2008.
8   Geyken 2002.
9   Vgl. z.B. Koenigsberger 1986. Aktueller: Elliott 1992, Harding 2000, Bosbach 2005.
10 Black 2005, siehe auch die differenzierte Betrachtung durch Conway 2005.
11 Thompson 2006, mit dem Fokus auf der Außenpolitik Kampmann 1966. Zur religiösen Dimension der Personalunion auch Wellenreuther 1978 und 2006.
12 Eine beispielhafte Auswahl: Simms/Riotte 2007, Harding 2007, Black 2004.
13 Allerdings wurde die Verortung der Personalunion innerhalb des Empire durchaus thematisiert, siehe z.B. Schnurmann 2001, ausführlich Wende 2008. Zur Diskussion über den *Empire*-Begriff siehe Bosbach, Hiery und Kampmann 1999.
14 So Wellenreuther 1995, 25, der anderslautende Meinungen offen diskutiert.
15 Dann 1986, Richter-Uhlig 1992.
16 Mittler 2005, Biskup 2007, Hoffmann und Maak-Rheinländer 2001, Nordsiek 2008, Weiß 2008, auch Meschkat-Peters 2001.
17 Grundlegend weiterhin Löw 2000, Döring und Thielmann 2008.
18 Welsch 2009, Said 2005, Bhabha 2003.
19 Lehmkuhl 2001, Kugeler, Sepp und Wolf 2006.

Literatur

Bhabha, Homi: The Location of Culture. 5. Aufl., London 2003.

Birke, Adolf M., und Kurt Kluxen (Hrsg.): England und Hannover. England and Hanover. Prinz-Albert-Studien 4, München u. a. 1986.

Biskup, Thomas: The university of Göttingen and the Personal Union. In: Brendan Simms und Torsten Riotte (Hrsg.): The Hanoverian dimension in British history, 1714-1837. Cambridge 2007, 128-160.

Black, Jeremy: The Hanoverians. History of a Dynasty. London 2004.

Black, Jeremy: Continental Commitment. Britain, Hanover and interventionism 1714-1793. London, New York 2005.

Black, Jeremy: Hanover and British Foreign Policy 1714-60. English Historical Review 120, 2005, 303-339.

Black, Jeremy: George III. America's last King. New Haven, London 2006.

Blanning, Timothy C. W.: »That horrid Electorate« or »Ma Patrie Germanique«? George III, Hanover, and the Fürstenbund of 1785. The Historical Journal 20 (2), 1977, 311-344.

Bosbach, Franz: Mehrfachherrschaft – eine Organisationsform frühmoderner Herrschaft. In: Michael Kaiser und Michael Rohrschneider (Hrsg.): Membra unius capitis. Studien zu Herrschaftsauffassungen und Regierungspraxis in Kurbrandenburg (1640-1688). Forschungen zur Brandenburgischen und Preußischen Geschichte Neue Folge Beiheft 7, Berlin 2005, 19-34.

Bosbach, Franz, Hermann Hiery und Christoph Kampmann (Hrsg.): Imperium/Empire/Reich. Ein Konzept politischer Herrschaft im deutsch-britischen Vergleich. An Anglo-German Comparison of a Concept of Rule. Prinz-Albert-Studien 16, München 1999.

Brauer, Gert: Die hannoversch-englischen Subsidienverträge 1702-1748. Untersuchungen zur deutschen Staats- und Rechtsgeschichte Neue Folge 1, Aalen 1962.

Conrady, Sigisbert: Die Wirksamkeit König Georgs III. für die kurhannoverschen Kurlande. Niedersächsischen Jahrbuch für Landesgeschichte 39, 1967, 150-191.

Conway, Stephen: Continental Connections: Britain and Europe in the Eighteenth Century. History 90/299, 2005, 353-374.

Dann, Uriel: Hannover und England 1740-1760. Diplomatie und Selbsterhalt. Quellen und Darstellungen zur Geschichte Niedersachsens 99, Hildesheim 1986.

Döring, Jörg, und Tristan Thielmann (Hrsg.): Spatial Turn. Das Raumparadigma in den Kultur- und Sozialwissenschaften. Bielefeld 2008.

Elliott, John H.: A Europe of Composite Monarchies. Past and Present 137, 1992, 48-71.

Geyken, Frauke: Gentlemen auf Reisen. Das britische Deutschlandbild im 18. Jahrhundert. Frankfurt a. M. 2002.

Grieser, Rudolf: Die deutsche Kanzlei in London. Blätter für deutsche Landesgeschichte 89, 1952, 153-168.

Haase, Carl: Ernst Brandes 1758–1810. 2 Bde. Veröffentlichungen der Historischen Kommission für Niedersachsen und Bremen 32, Niedersächsische Biographien 4, Hildesheim 1974.

Haase, Carl: Graf Münster, von Lenthe und die Katastrophe Kurhannovers 1803. Niedersächsisches Jahrbuch für Landesgeschichte 53, 1981, 279–288.

Harding, Nick: Hanover and the British Empire 1700–1837. Studies in Early Modern Cultural, Political and Social History 4, Woodbridge 2007.

Hatton, Ragnhild M.: The Anglo-Hanoverian Connection 1714–1760. The Creightin Trust Lecture 1982. London 1982.

Hatton, Ragnhild: George I: Elector and King. London 1978.

Hoffmann, Dietrich, und Kathrin Maak-Rheinländer (Hrsg.): »Ganz für das Studium angelegt«. Die Museen, Sammlungen und Gärten der Universität Göttingen. Göttingen 2001.

Kampmannn, Christoph: Die englische Krone als »Arbiter of Christendom«? Die Balance of Europe in der politischen Diskussion der späten Stuart-Ära (1660–1714). Historisches Jahrbuch 166, 1966, 321–366.

Koenigsberger, Helmut Georg: Dominium regale or Dominium politicum et regalium. Monarchies and Parliaments in Early Modern Europe. In: Ders. (Hrsg.): Politicians and Virtuosi. Essays in Early Modern History. London 1986, 1–25.

Kugeler, Heidrun, Christian Sepp und Georg Wolf: Einführung: Internationale Beziehungen in der Frühen Neuzeit. Ansätze und Perspektiven, Münster 2006.

Lampe, Joachim: Aristokratie, Hofadel und Staatspatriziat in Kurhannover. Die Lebenskreise der höheren Beamten an den kurhannoverschen Zentral- und Hofbehörden 1714–1760. 2 Bde. Veröffentlichungen der Historischen Kommission für Niedersachsen 24, Untersuchungen zur Ständegeschichte Niedersachsens 2, Göttingen 1963.

Lehmkuhl, Ursula: Diplomatiegeschichte als internationale Kulturgeschichte: Theoretische Ansätze und empirische Forschung zwischen Historischer Kulturwissenschaft und Soziologischem Institutionalismus. Geschichte und Gesellschaft 27, 2001, 394–423.

Löw, Martina: Raumsoziologie. Frankfurt a. M. 2000.

Meschkat-Peters, Sabine (Red.): Ehrgeiz, Luxus und Fortune: Hannovers Weg zu Englands Krone. Schriften des Historischen Museums Hannover 19, Hannover 2001.

Mittler, Elmar (Hrsg.): »Eine Welt allein ist nicht genug«: Großbritannien, Hannover und Göttingen (1714–1837). Göttingen 2005.

Nordsiek, Hans: Immer auf der Siegerseite: Die Schlacht bei Minden 1759, Realität und Interpretation. In: Martin Steffen (Hrsg.): Die Schlacht bei Minden. Weltpolitik und Lokalgeschichte. Minden 2008.

Richter-Uhlig, Uta: Hof und Politik unter den Bedingungen der Personalunion zwischen Hannover und England. Quellen und Darstellungen zur Geschichte Niedersachsens 107, Hannover 1992.

Riotte, Torsten: Transfer durch Personalunion: Großbritannien-Hannover 1714–1837. Europäische Geschichte Online (EGO), hrsg. vom Leibniz-Institut für Europäische Geschichte (IEG), Mainz 2012-05-14. URL: http://www.ieg-ego.eu/riottet-2012-de URN: urn:nbn:de:0159-2012051401 (abgerufen am 12.1.2014).

Said, Edward: Power, Politics and Culture. Interviews with Edward W. Said. Hrsg. von Gauri Viswanathan. London 2005.

Schnath, Georg: Geschichte Hannovers im Zeitalter der neunten Kur und der englischen Sukzession 1674-1714. Veröffentlichungen der Historischen Kommission für Niedersachsen und Bremen 18, 5 Bde., Hildesheim 1938-1982.

Schnurmann, Claudia: Vom Inselreich zur Weltmacht. Die Entwicklung des englischen Weltreiches vom Mittelalter bis ins 20. Jahrhundert. Stuttgart u.a. 2001.

Simms, Brendan, und Torsten Riotte (Hrsg.): The Hanoverian dimension in British history, 1714-1837. Cambridge 2007.

Simms, Brendan: Three victories and a defeat: the rise and fall of the first British Empire, 1714-1783. London 2008.

Smith, Ernest Anthony: George IV. New Haven, Conn. u.a. 1999.

Smith, Hannah: Georgian Monarchy. Politics and Culture, 1714-1760. Cambridge u.a. 2006.

Thompson, Andrew C.: Britain, Hanover and the Protestant Interest 1688-1756. Woodbridge 2006.

Thompson, Andrew C.: George II. King and Elector. New Haven, London 2010.

Weiß, Ulrike: Dame, Herzog, Kurfürst, König: Das Haus der hannoverschen Welfen 1636-1866. Hannover 2008.

Wellenreuther, Hermann: Politische Patronage von John, Fourth Duke of Bedford und die Stellung der Herrnhuther Brüdergemeinde in dem Borough of Bedford, 1745-1755. Unitas Fratrum 4, 1978, 85-93.

Wellenreuther, Hermann: Von der Interessenharmonie zur Dissoziation. Kurhannover und England in der Zeit der Personalunion. Jahrbuch für Niedersächsische Landesgeschichte 67, 1995, 23-42.

Wellenreuther, Hermann: Die Bedeutung der Offenbarung des Johannes für die Personalunion zwischen Kurhannover und England. In: Peter Aufgebauer und Christiane van den Heuvel (Hrsg.): Herrschaftspraxis und soziale Ordnungen in Mittelalter und in der frühen Neuzeit. Ernst Schubert zum Gedenken. Hannover 2006, 477-496.

Welsch, Wolfgang: Was ist eigentlich Transkulturalität? In: Lucyna Darowska und Claudia Machold (Hrsg.): Hochschule als transkultureller Raum? Beiträge zu Kultur, Bildung und Differenz. Bielefeld 2009, 39-66.

Wende, Peter, Das britische *Empire* - Geschichte eines Weltreichs. München 2008.

»Ein unvergängliches Monument im hannoverschen Archiv«.
Die Urkunden zur Sicherung der hannoverschen Thronfolge in Großbritannien

Gerd van den Heuvel und Ulrike Weiß

Zu den herausragenden Beständen des Niedersächsischen Landesarchivs in Hannover zählen sechs großformatige Urkunden, mit denen die zwischen 1701 und 1712 gefassten Beschlüsse des Londoner Parlaments zur Sukzession des braunschweig-lüneburgischen Kurfürstenhauses in Großbritannien dokumentiert und die im Rahmen mehrerer Sondergesandtschaften in Hannover ausgehändigt wurden.[1]

I. Vorgeschichte und Grundlagen des Sukzessionsanspruchs

Ich habe einen Brief des neuen Königs von England erhalten, so berichtete Kurfürstin Sophie am 17. Juni 1689 Gottfried Wilhelm Leibniz, *in dem er mir mitteilt, dass ich allen Grund habe, mich für das Wohlergehen Englands zu interessieren, weil wahrscheinlich einer meiner Söhne dort die Thronfolge antreten werde.*[2] Als der neue englische König Wilhelm III., zugleich Statthalter der niederländischen Generalstaaten, nach der Glorious Revolution im April 1689 gegenüber der Kurfürstin Sophie eine solche Möglichkeit des dynastischen Aufstiegs des hannoverschen Welfenhauses ansprach, war dies kaum mehr als eine vage Aussicht. Zwar waren alle katholischen Anwärter durch das Votum des Parlaments in der *Bill of Rights* von der Thronfolge ausgeschlossen, doch selbst wenn die Ehe Wilhelms mit Maria, der protestantischen Tochter Jakobs II., kinderlos bleiben sollte, standen Anna, die zweite, protestantisch gebliebene Tochter des vertriebenen englischen Königs, und ihre Nachkommen in der Erbfolge noch vor der Herzogin Sophie, der Enkelin Jakobs I. von England, zugleich des VI. dieses Namens von Schottland.

Mit William von Gloucester gebar Anna am 4. August 1689 einen Sohn, durch den eine Thronfolge der Kurfürstin Sophie und ihrer Nachkommen zunächst einmal in weite Ferne rückte. Eine völlig neue Situation ergab sich, als William von Gloucester am 10. August 1700 starb. Von Wilhelm III., seit 1694 verwitwet, waren keine Nachkommen mehr zu erwarten, und man musste damit rechnen, dass auch Anna nach zahlreichen Fehlgeburten keine lebensfähigen Erben mehr zur Welt bringen würde. Krone und Parlament standen vor der Entscheidung, einer strittigen Thronfolge vorzubeugen und das Recht auf das Erbe der englischen Krone neu zu regeln. Verstarb Wilhelm III. und blieb Anna ohne Leibeserben, so stand nach den Prinzipien dynastischer Erbfolge und dem expliziten Ausschluss katholischer Anwärter die hannoversche Kurfürstin als protestantische Enkelin Jakobs I. an erster Stelle. Anders als in den meisten Staaten auf dem Kontinent ergab sich dieser Anspruch jedoch nicht allein aus dem Geburtsrecht, auf das man sich nachfolgend in Hannover gerne berief, sondern beruhte vornehmlich auf der souveränen Entscheidung des englischen Parlaments als entscheidender Instanz für die Legitimation der protestantisch-hannoverschen Sukzession. Seit 1707, als die Königreiche England und Schottland zum Königreich von Großbritannien vereinigt wurden, repräsentierte das in London tagende Parlament die gesamte Insel. Aus den hannoverschen Aussichten auf die englische Sukzession war von diesem Zeitpunkt an ein Recht auf die Thronfolge in Großbritannien geworden.

2. Der *Act of Settlement* (1701)

Bereits der Titel des Gesetzes, mit dem Unter- und Oberhaus am 22. Juni 1701 die Grundsatzentscheidung für die hannoversche Thronfolge trafen, macht die Hauptanliegen des Parlaments deutlich: eine Beschränkung der monarchischen Gewalt, die Sicherung individueller Freiheitsrechte und die Stärkung parlamentarischer Mitsprache. Der *Act for the further limitation of the crown and better securing the rights and liberties of the subjects* knüpfte an die *Bill of Rights* von 1689 an (*An Act declaring the rights and liberties of the subject and settling the succession of the crown*), in der das Parlament in der Glorious Revolution die Bedingungen festgelegt hatte, unter denen nach der Vertreibung Jakobs II. Wilhelm von Oranien und seiner Frau Maria der englische Thron angetragen worden war. Der *Act of Settlement* von 1701 verschärfte nochmals die Bestimmungen zur Einschränkung der monarchischen Souveränität, welche die Kurfürstin Sophie und ihre Nachkommen bei Übernahme der Königswürde zu akzeptieren hatten. So sollte u. a. kein Ausländer Mitglied des Kronrats, des *Privy Council*, des Parlaments oder des Ministeriums werden können. Krongüter durften nicht an Ausländer verschenkt werden, der Einsatz englischen Militärs für die vom zukünftigen König in Personalunion regierten Territorien des Monarchen sollte nur mit Zustimmung des Parlaments zulässig sein, und jede Reise des Königs außerhalb von England, Irland und Schottland, so legte die Sukzessionsurkunde fest, sollte der Zustimmung des Parlaments bedürfen.

Das Parlament zog mit diesen Einschränkungen der königlichen Handlungsfreiheit abermals die Konsequenzen aus dem Machtmissbrauch und den Tendenzen zur absolutistischen Herrschaft Jakobs II.; es reagierte damit aber auch auf die Missachtung parlamentarischer Mitspracherechte durch Wilhelm III., der außenpolitisch relativ frei agierte, seinen Beraterkreis vornehmlich aus Niederländern zusammengestellt hatte und zudem in den Augen des Parlaments mehr die Interessen seiner heimatlichen Generalstaaten als die Englands verfolgte. In die Vorbehalte des Parlaments flossen Erfahrungen ein, die man mit der englisch-niederländischen Personalunion zuvor gemacht hatte und die man nun bei der möglicherweise erneut anstehenden Verbindung zweier Länder in der Person des Herrschers zu vermeiden trachtete. Trotz dieser für einen Monarchen des Kontinents ungewohnten Einschränkungen der königlichen Prärogative akzeptierte man in Hannover diese Bedingungen, zumal der Eintritt des Erbfalls noch keineswegs sicher war bzw. in unbestimmter Zukunft lag. Zudem war die Sukzessionsfrage aufs Engste mit dem europäischen und transatlantischen Konflikt des Spanischen Erbfolgekrieges verknüpft. Als Ludwig XIV. im September 1701 den mit seinem Vater nach Frankreich geflohenen Sohn Jakobs II. als legitimen englischen und schottischen König anerkannte, wurde der spanische zugleich zum englischen Erbfolgekrieg. Ein Erfolg der französischen Hegemoniebestrebungen hätte möglicherweise die katholischen Stuarts zurück auf den Thron in England und Schottland geführt und auch im Heiligen Römischen Reich Deutscher Nation die protestantischen Länder endgültig in die Defensive gedrängt. Insofern musste es im Eigeninteresse des hannoverschen Kurfürsten liegen, ähnlich wie zuvor Wilhelm von Oranien, als König das finanzielle und militärische Potenzial der Insel zu nutzen, um gegen französische Expansions- und Hegemoniebestrebungen bestehen zu können.

Der Aufwand, mit dem sowohl auf englischer als auch auf hannoverscher Seite der feierlichen Bestätigung der hannoverschen Erbansprüche Rechnung getragen wurde, entsprach der staatsrechtlichen und politischen Bedeutung des außergewöhnlichen Ereignisses. Die englische Gesandtschaft unter der Führung von Charles Gerard Earl of Macclesfield umfasste 70 bis 80 Personen, die am 12. August an der Landesgrenze von einer Deputation, zusammengesetzt *aus den vornehmsten Cavalieren*[3], abgeholt und in Hannover großzügigst empfangen, verpflegt und unterhalten wurden. Der irische Freidenker John Toland, der sich der Delegation angeschlossen hatte, schildert den Aufenthalt als beständiges Fest mit Musik, Bällen und Spielen bei unbegrenzter Versorgung mit Speisen und Getränken durch die kurfürstlichen Bediensteten.

Den Höhepunkt der Feierlichkeiten bildete am 15. August die zeremonielle Übergabe der Sukzessionsurkunde. Mit acht Kutschen, drei davon sechsspännig, wurde die englische Gesandtschaft aus ihren Quartieren abgeholt – Macclesfield war im Redenschen Hof, einem der schönsten Adelspalais Hannovers, untergebracht – und ins Leineschloss gebracht. Dort erwartete ihn die Kurfürstin Sophie, flankiert von ihren Hofdamen, im Audienzgemach und nahm die Parlamentsakte, *welche in einem von roth vergüldetem leder gemachten fouteral eingeschloßen ware*, entgegen. Dem Legationssekretär Williams oblag es anschließend, das Pergament zu entrollen. Kurfürstin Sophie ließ es sich nicht nehmen, die großformatige Urkunde den Anwesenden zu präsentieren. Das Hoftagebuch beschreibt die Urkunde, wie sie auch heute noch vorliegt: *Sie war auff große pergament Blätter geschrieben, so durch eine silberne schnur zusammen gehalten wurden, an welcher ein großes grünes wächsernes siegel hing, auf deren einen seite der h. Georg, auff der andern aber der König auff seinem Kgl. Thron sitzend zu sehen war.*[4]

Zum Abschluss seines Aufenthalts verlieh Macclesfield zusammen mit dem eigens angereisten englischen Wappenherold Gregory King am 3. September 1701 Kurfürst Georg Ludwig die höchste Auszeichnung des Königreichs, den Hosenbandorden. Dem Wunsch des Kurfürsten, die Feierlichkeiten möglichst kurz und einfach zu gestalten, weil er nach eigenen Worten zu den Zeremonien *ganz kein Belieben trage*, wurde nur teilweise entsprochen. Es blieb ihm nicht erspart, sich für einige Zeit mit Hosenband, Ordenskette sowie Mantel und Mütze der Georgsritter der Hofgesellschaft zu präsentieren.[5]

Mit der feierlichen Übergabe und Annahme der Urkunde hatte die vom englischen Parlament beschlossene Thronfolgeregelung Rechtskraft erlangt. Bis zum tatsächlichen Eintritt des Erbfalls war das Pergament jedoch zunächst nicht mehr als ein Optionsschein, dessen Wert von dynastischen Zufällen, nicht zuletzt aber auch von den politischen Konjunkturen im Zeitalter des Spanischen Erbfolgekrieges abhängig war.

2.1. Gestaltungsmerkmale und Vorbilder der Sukzessionsurkunde

Die Original-Urkunde des *Act of Settlement* besteht aus zwei großformatigen, 90 x 75 cm messenden Pergamentblättern, von denen das Eingangsblatt hinten liegt. Zusammengehalten werden beide Blätter durch eine metalldurchwirkte Kordel, an der zugleich das offizielle Staatssiegel, geschützt von einer versilberten Blechkapsel, befestigt ist. Um eine gerade Zeilenführung des Textes zu gewährleisten, sind im Textblock rote Hilfslinien gezogen, seitlich ist der Text durch doppelte Begrenzungslinien gekennzeichnet. Eine Gliederung des Gesetzestextes wird nicht durch Leerzeilen oder Paragraphenzählung, sondern durch die Verwendung goldfarbener Tinte für das Anfangswort oder die Eingangsformel eines neuen Abschnitts angestrebt, jedoch nicht in jedem Fall erreicht. Bis auf die lateinische Eingangs- und Schlussformel ist die Urkunde in englischer Sprache abgefasst. Der Text entspricht dem in den englischen Parlamentsrollen überlieferten rechtsgültigen Gesetzestext.

Weit mehr noch als durch Format, Siegel und Textgestaltung erhält das Pergament seinen Charakter als Prunkurkunde durch seine üppig gestalteten Schmuckbordüren aus goldenem Blattwerk. Bei der Ge-

Abb. 1: *Act of Settlement*, Eingangsblatt (1701), Ausschnitt mit dem Bildnis des Königs Wilhelms III. Niedersächsisches Landesarchiv – Hauptstaatsarchiv Hannover, Cal. Or. 63 Nr. 1 Bl. 2.

staltung dieses Grundmusters wurde auf verschiedene Varianten des klassischen Akanthusblattes zurückgegriffen, das in der europäischen Ornamentik bereits seit mehr als 2000 Jahren Verwendung gefunden hatte (Abb. 1).

Das Herrscherporträt Wilhelms III. am linken oberen Rand des Eingangsblattes, für das der Maler als Vorlage wohl nur auf eines der zahlreich kursierenden grafischen Portraits und nicht auf ein offizielles Staatsgemälde zurückgreifen konnte, ist von der Initiale »G« (*Gulielmus Tertius Dei Gratia*) umrahmt und bestimmt die Breite des linken Schmuckrandes, der etwas breiter als der rechte Rand gestaltet ist. Hervorstechend und farblich abgesetzt sind in die Schmuckbordüre mehrere Wappen eingefügt. An zentraler Stelle und umgeben vom Motto des Hosenbandordens steht oben das königliche Wappen, links davon der englische Löwe, rechts das schottische Einhorn. In den seitlichen Bordüren werden einzelne Elemente des königlichen Wappens nochmals in größerem Format aufgenommen. Links oben finden sich die drei schreitenden englischen Löwen (heraldisch korrekt: Leoparden), darunter die französischen Lilien, mit denen die englische Krone seit dem 14. Jahrhundert ihren Anspruch auf den französischen Thron dokumentierte. In der rechten Schmuckbordüre sind oben der steigende schottische Löwe und darunter die irische Harfe dargestellt.

Über den oder die Künstler, die mit der Gestaltung der Urkunde beschäftigt waren, lassen sich keine präzisen Angaben machen. Zwar ist in den offiziellen Ämterverzeichnissen seit 1662 ein *Embellisher of*

Letters, ein »Verzierer der Briefe«, verzeichnet, doch bleibt offen, ob die Amtsinhaber – von 1669 bis 1704 war es der eher als Mathematiker bekannt gewordene Gideon Royer (1650–1722) – selbst als Künstler tätig wurden oder die Gestaltung der Urkunden einzelnen Spezialisten übertrugen. Die Bedeutung, die dem Amt des *Embellisher* zugemessen wurde, ergibt sich aus der Tatsache, dass er den Mitgliedern des königlichen Haushalts zugerechnet wurde.

Eine solch aufwendige Verzierung wie bei der hannoverschen Sukzessionsurkunde blieb nur wenigen herausragenden Urkunden vorbehalten. Vorbild waren zum einen die diplomatischen Schreiben, welche die englische Krone mit den Herrschern des Orients austauschte. Die englischen Herrscher adaptierten damit seit etwa der Mitte des 17. Jahrhunderts die üppige Ausschmückung, mit der die Potentaten des Ostens ihrerseits diplomatische Schriftstücke gestalteten. Die *Letters to the Eastern Princes*, z. B. Einführungs- und Abberufungsschreiben für Diplomaten in Konstantinopel, weisen ähnliche äußere Gestaltungsmerkmale auf wie die Urkunde des *Act of Settlement*. Trotz aller Unterschiede bezüglich der Anlässe und Inhalte der beurkundeten Rechtsetzungen bediente man sich bei der Ausgestaltung der Prunkurkunden desselben Musters.

Ein zweiter Traditionsstrang der Urkundengestaltung ergibt sich aus den »offenen Briefen«, den *Letters patent*, mit denen der Herrscher in England seit dem 12. Jahrhundert Privilegien an Individuen und Korporationen verlieh. Sie waren offen (»patent«), d. h. unversiegelt, und beurkundeten z. B. Stadtrechtsverleihungen. Die *Letters patent* waren in der Regel mit einem Portrait des Herrschers und seinem angehängten Siegel versehen, jedoch häufig in Schwarz-Weiß gestaltet und nur sparsam ornamentiert. Seit dem späten 17. Jahrhundert ging man dazu über, weniger bedeutsame Urkunden nicht mehr individuell anzufertigen, sondern auf gedruckte Vorlagen inklusive eines gestochenen Herrscherporträts zurückzugreifen. Für herausragende Rechtsetzungen, beispielsweise das Handelsmonopol der East India Company im Jahre 1693 oder eben auch die Thronfolgeregelung zugunsten des hannoverschen Kurfürstenhauses, waren eigens zu diesem Zweck gestaltete Urkunden unabdingbar.

2.2. Zeitgenössische Pergamentkopien des *Act of Settlement*

Das Niedersächsische Landesarchiv/Hauptstaatsarchiv Hannover verwahrt neben dem Original des *Act of Settlement* noch eine zweite, ähnlich prunkvoll gestaltete Abschrift der Sukzessionsurkunde. Sie ist mit 92 x 86 cm noch größer als die Vorlage und präsentiert in kleinerer Schriftgröße den gesamten Text auf einem Blatt. Statt eines angehängten Siegels sind in den unteren Ecken des Blattes Zeichnungen der Vorder- und Rückseite des königlichen Siegels eingefügt. Da die Übereinstimmung der Abschrift mit dem Original von Williams, dem Sekretär der Sondergesandtschaft zur Überbringung des *Act of Settlement*, durch seine Unterschrift bestätigt wurde, ist anzunehmen, dass die Abschrift erst in Hannover erfolgte, möglicherweise auf dem bereits in England vorgefertigten

Pergament mit Schmuckbordüren, die in ihrer künstlerischen Qualität denen des Originals nicht nachstehen.

Schlichter, nach dem Vorbild der *Letters patent* gestaltet, war eine weitere, für die Hinterlegung in Celle angefertigte Abschrift. Die schmale, aus schwarzem Rankenwerk bestehende Schmuckbordüre ist auf dem Pergamentblatt aufgedruckt, das Herrscherporträt oben links in der Initiale mit Tinte gemalt, Vorder- und Rückseite des Siegels sind als kleinformatige Zeichnungen in den unteren Ecken des Blattes wiedergegeben.

3. Die weiteren Regelungen zur Thronfolge 1706 und 1712

Mit der Annahme der Sukzessionsurkunde im Jahre 1701 hatten die Kurfürstin Sophie und ihre Nachkommen, im konkreten Fall der älteste Sohn, der seit 1698 in Hannover regierende Kurfürst Georg Ludwig, einen Rechtsanspruch auf die Thronfolge für den Fall erworben, dass nach dem Tode Wilhelms III. die Ehe der ihm nachfolgenden Königin Anna mit dem dänischen Prinzen Georg kinderlos blieb. Mit dem Tod Wilhelms III. am 19. März 1702 rückte die Sukzession für Kurfürstin Sophie bzw. ihren Sohn zwar näher, es fehlten jedoch klare Regeln und Vorkehrungen, wie im Eventualfall eines plötzlichen Todes der seit 1702 regierenden englischen Königin die Herrschaftsübernahme durch die hannoverschen Welfen in London vonstattengehen sollte. Dies war nicht nur eine Frage des formalen Prozedere, sondern auch von eminenter politisch-praktischer Bedeutung, bestand doch die Gefahr, dass im Falle der Thronvakanz der Sohn des vertriebenen Stuartkönigs als Jakob III. vor dem hannoverschen Thronfolger auf der Insel erschien und, gestützt auf zahlreiche Anhänger in Schottland und England, die Herrschaft an sich riss. Kurfürstin Sophie und ihre Berater, allen voran Leibniz, suchten seit 1702 dieser Gefahr zu begegnen, indem sie einen Besuch Sophies in England bzw. die Etablierung des hannoverschen Kurprinzen in London in Vorschlag brachten, um die legitime Erbfolge auch in persona öffentlich zu dokumentieren. Die Versuche, einen Angehörigen der hannoverschen Kurfürstenfamilie nach 1702 zu einem Besuch nach London zu schicken oder dauerhaft dort zu etablieren, scheiterten jedoch am Widerstand der Tories im Parlament und an der entschiedenen Ablehnung einer entsprechenden Einladung seitens der Königin Anna, die in ihrer körperlichen Hinfälligkeit und angesichts schwindender Aussichten, dass eigene Kinder die Dynastie fortsetzten, die entfernte erbberechtigte Verwandtschaft, an der Spitze die zwar 35 Jahre ältere, aber immer noch vitale Sophie, nicht vor Augen haben wollte. Hinzu kam wohl eine persönliche Abneigung gegen den hannoverschen Kurfürsten, der 1680/81 während einer Englandreise sich einer geplanten Brautwerbung um Anna verweigert hatte. Die Frage einer Einladung der Thronerbin blieb im englischen Parlament zwischen

Whigs und Tories umstritten, Unter- wie Oberhaus erkannten jedoch die Notwendigkeit, so bald wie möglich konkrete Bestimmungen für einen geordneten Übergang der Königswürde auf die hannoversche Kurfürstin bzw. ihren ältesten lebenden Sohn zu treffen. Dies geschah im Jahre 1706 mit der textlich umfangreichsten der Sukzessionsurkunden, dem *Act for the better security of Her Majesty's person and Government and of the succession to the crown of England in the protestant line* (kurz: *Act of Regency*) und den in zwei Urkunden niedergelegten Gesetzen zur Staatsbürgerschaft der Kronerbin.

Als letzte große Rechtsetzung vor dem Eintritt der Sukzession folgte 1712 noch der *Act of Precedence*, ein von den Whigs ins Londoner Parlament eingebrachtes Gesetz, das erneut die hannoversche Thronfolge sichern sollte und das bestimmte, dass Kurfürstin Sophie, ihrem Sohn Georg Ludwig und dessen Sohn Georg August nach Königin Anna, aber vor allen Peers des Königreichs der höchste Rang zukomme.

3.1. Der *Act of Regency* (1706)

Das am 11. April 1706 von Königin Anna bestätigte Gesetz sah vor, dass beim Tod der amtierenden Monarchin im Falle ihrer Kinderlosigkeit das Parlament für weitere sechs Monate seine Tätigkeit fortsetzen und ein Regentschaftsrat eingesetzt werden sollte, dem bis zum Eintreffen des neuen Herrschers die Ausübung der Regierungsgewalt obliegen würde. Als Mitglieder waren die Inhaber der sieben höchsten Staatsämter vorgesehen, ergänzt um eine beliebige Anzahl von Vertrauten, deren Namen Kurfürs-

Abb. 2: *Act of Regency* (1706), Ausschnitt. Niedersächsisches Landesarchiv – Hauptstaatsarchiv Hannover, Cal. Or. 63 Nr. 3 Bl. 3.

Abb. 3: *Act of Regency*, Eingangsblatt (1706), Ausschnitt mit dem Bildnis der Königin Anna. Niedersächsisches Landesarchiv – Hauptstaatsarchiv Hannover, Cal. Or. 63 Nr. 3 Bl. 3.

tin Sophie in einer geheimen, versiegelten Liste, dem *Instrumentum Regiminis*, in dreifacher Ausfertigung in London hinterlegen sollte. Die äußerst detaillierten, nach Möglichkeit alle denkbaren Eventualitäten des Regierungswechsels berücksichtigenden Bestimmungen des *Act of Regency* revidierten zugleich zwei Einschränkungen, die mit dem *Act of Settlement* der Thronfolgerin bzw. dem Thronfolger auferlegt worden waren: zum einen die Bestimmung, dass Inhaber von Regierungsämtern nicht dem Unterhaus angehören durften, zum anderen die Klausel, dass alle wichtigen Beschlüsse der Regierung vom Kronrat, dem 60 bis 70 Mitglieder umfassenden *Privy Council*, zu bestätigen waren.

Das wiederum in Form einer Prunkurkunde überbrachte Gesetz ist in seinen Einzelbestimmungen so detailliert, dass es drei Pergamentblätter im Format 75 x 60 cm einnimmt. In seiner Gestaltung nimmt es das Muster des *Act of Settlement* auf, mit goldenem Laubwerk in den Bordüren und den oben beschriebenen Wappenelementen (Abb. 2). In der künstlerischen Ausführung werden jedoch Unterschiede zur Urkunde von 1701 deutlich. Der *Embellisher of Letters* hatte inzwischen gewechselt, und an den stilistischen Unterschieden in den Schmuckbordüren der einzelnen Pergamentblätter lässt sich erkennen, dass wohl mehrere Hände an der Ausgestaltung der Urkunde beteiligt waren. An der Stelle des Herrscherporträts Wilhelms III. im *Act of Settlement* ist nun links oben auf dem ersten Blatt das Portrait der Königin Anna eingefügt (Abb. 3). Als Portraitvorlage dienten wahrscheinlich grafische Blätter nach Staatsporträts von Sir Godfrey Kneller, dem aus Lübeck stammenden, in London tätigen führenden Hofkünstler und Portraitmaler dieser Zeit.

3.2. Die Urkunden zum Act of Naturalization

Zusammen mit dem *Act of Regency* wurden 1706 noch zwei weitere Urkunden nach Hannover gebracht, die ebenfalls am 11. April 1706 die königliche Bestätigung erhalten hatten. Mit dem *Act of Naturalization* erkannten beide Kammern des Parlaments nahezu einstimmig Kurfürstin Sophie und ihren protestantischen Nachkommen die englische Staatsbürgerschaft zu. Sophie reagierte darauf gereizt und erklärte dieses Gesetz für überflüssig, weil sie als Nachfahrin britischer Könige selbstverständlich auch Engländerin oder Schottin sei. Der hannoverschen Kurfürstin-Witwe war ebenso wie dem Hochadel der regierenden europäischen Häuser insgesamt die Vorstellung einer exklusiven Staatsbürgerschaft als Voraussetzung für ein Herrscheramt fremd.

Mit einer weiteren Urkunde, der *Bill of Naturalization*, wurde für die Thronerbin und ihre protestantischen Nachkommen die Bestimmung außer Kraft gesetzt, dass spätestens einen Monat nach Verleihung der Staatsbürgerschaft das Abendmahl nach anglikanischem Ritus einzunehmen und der Untertanen- und Gehorsamseid abzulegen war. Eine Bestätigung des Gesetzes fiel Königin Anna umso leichter, als dieser Dispens mit der Abwesenheit der Thronerben von der Insel begründet wurde, einer Situation, die sie zu ihren Lebzeiten auch nicht mehr geändert zu sehen wünschte.

Wiederum üppig ornamentiert, aber mit künstlerisch weniger sorgfältig gestalteten und wohl von verschiedenen Händen gemalten Herrscherporträts der Königin Anna versehen, wurden die beiden Naturalisationsurkunden zusammen mit dem *Act of Regency* am 30. Mai 1706 im Leineschloss übergeben. Leiter der englischen Sondergesandtschaft war dieses Mal Charles Montagu Earl of Halifax, der zwar auch gebührend, aber mit geringerem Aufwand als die Gesandtschaft im Jahre 1701 empfangen wurde. Im Vorfeld hatte Kurfürst Georg Ludwig, dem wenig an Zeremonien lag und der vor allem die Kosten der üblichen Geschenke für den Sonderbotschafter scheute, bereits sondiert, ob die Urkunden nicht formlos vom englischen Botschafter in Hannover ausgehändigt werden könnten. Es ging sogar das Gerücht, dass Georg Ludwig für denjenigen, der die Gesandtschaft zu verhindern wusste, ein Geschenk ausgelobt habe. John Churchill, Duke of Marlborough, der Sieger von Höchstädt, sah sich persönlich berufen, den hannoverschen Kurfürsten freundlich, aber bestimmt darauf hinzuweisen, dass diese Gesetze für die hannoversch-protestantische Thronfolge von großer Bedeutung waren und ein gewisser Repräsentationsaufwand bei der Übergabe der diesbezüglichen Urkunden dem Stellenwert der Gesetze durchaus entsprechen würde. Ähnlich wie im Sommer 1701 verband die Sondergesandtschaft die Urkundenübergabe mit einer Ordensverleihung: Der Kurprinz Georg August erhielt wie sein Vater aus den Händen des Wappenherolds den Hosenbandorden.

3.3. Der *Act of Precedence* (1712)

Zur Sicherung der hannoverschen Thronfolge in Großbritannien unterbreitete die Whig-Partei im Londoner Parlament im Januar 1712 eine weitere Gesetzesinitiative,

Abb. 4: *Act of Precedence*, Eingangsblatt (1712). Niedersächsisches Landesarchiv – Hauptstaatsarchiv Hannover, Cal. Or. 63 Nr. 6 Bl. 2.

mit der die Anwartschaft des Welfenhauses auf die Königswürde noch einmal unterstrichen werden sollte. Das Ende Januar ins Parlament eingebrachte, in Unter- und Oberhaus einstimmig angenommene und am 20. Februar 1712 von der Königin bestätigte Gesetz legte fest, dass der Kurfürstin Sophie und allen ihren protestantischen Nachkommen an allen Orten und bei allen Anlässen der erste Rang nach der Königin zukomme.

Die neuerliche Bestätigung des Anrechts auf die Thronfolge wurde in Hannover ähnlich kühl und zurückhaltend wie die Zusatzgesetze des Jahres 1706 zur Kenntnis genommen. Nach Auffassung Kurfürst Georg Ludwigs war diese Rangerhöhung nur ein leerer Titel, der letztlich nichts zur politischen Absicherung der Sukzession beitrug. Als besonders ärgerlich empfand es Sophie, dass der *Act of Precedence* wiederum *mehr geholt als gebracht* hatte, weil allein Thomas Harley, Leiter der unvermeidlichen Sondergesandtschaft, bei Überbringung der ornamentreichen Urkunde mit Geschenken im Wert von fast 7.000 Reichstalern bedacht worden war. Trotz allen Unmuts über die Kosten betrachtete Kurfürstin Sophie letztlich aber voller Stolz die Urkunden, mit denen seit der Aushändigung des *Act of Settlement* im Jahre 1701 ihre Thronfolgerechte kodifiziert worden waren, *als ein unvergängliches Monument im hannoverschen Archiv.*[6]

In ihrem Format (80 x 57 cm) war die Urkunde zum *Act of Precedence* mit den vorhergehenden vergleichbar, ebenso in der Art der Siegelanbringung und der

Verbindung zweier Pergamentblätter. Sie unterscheidet sich jedoch in der äußeren Gestaltung in vielfacher Hinsicht von den vorangegangenen Diplomen. Am auffälligsten sind die andersartig gestalteten Schmuckbordüren (Abb. 4), welche die Kurfürstin Sophie an orientalische Malereien erinnerten: *Mr. Harley*, so schrieb sie an ihren Schwiegersohn, König Friedrich I. in Preußen, *brachte mir [...] eine große machine, da war ein parquement drin, so schön mit Blumen rins um gemalt, als wan es aus Persien were kommen*.[7] Bei den Bordüren wird Gold sparsam verwendet und auf die Wappendarstellungen beschränkt, der Rahmen des Textblocks ist in Weinrot gehalten. Leuchtendes Grün, Rosa und Terrakotta bestimmen den farblichen Gesamteindruck. Die Schmuckelemente sind geprägt von dem Ende des 17. Jahrhunderts zunächst in Frankreich in Mode gekommenen Bandelwerkstil, bei dem ein »flächenfüllendes Ornament aus schmalen, vielfältig gebrochenen und gerundeten Bändern, durchsetzt mit pflanzlichen und figürlichen Motiven«,[8] die Gesamtkomposition bestimmt. Auf ein Herrscherporträt wird verzichtet. In den oberen Ecken erscheint das englisch-schottische Unionswappen.

Der Text ist in größerer Schrift und schnörkelloser als in den früheren Urkunden ausgeführt, die Titulatur der Königin, aus der nun – wie im Wappen – die 1707 vollzogene Union mit Schottland erkennbar wird (*Regina Magnae Britanniae, Franciae, et Hiberniae*), ist durchgängig in goldenen Buchstaben geschrieben.

4. Der Eintritt der Sukzession 1714

Der *Act of Precedence* war das letzte Gesetz zur Regelung der hannoverschen Sukzession, das in Form einer Prunkurkunde von London nach Hannover gebracht wurde. Weiterer Regelungen für die Nachfolge der ohne überlebensfähigen Nachwuchs gebliebenen Königin Anna bedurfte es nicht mehr. Als Kurfürstin Sophie am 8. Juni 1714 im Großen Garten von Herrenhausen starb, hatte sich auch die bis dahin prinzipiell noch offene Frage erledigt, ob sie selbst oder ihr Sohn die Regierung in Großbritannien antreten würde. Sechs Wochen nach dem Tod Königin Annas am 1./12. August 1714 traf Kurfürst Georg Ludwig, nunmehr als George I. zugleich König von Großbritannien, in London ein. Die Krönung in der Westminster Abbey fand am 20./31. Oktober statt. Seine »Eintrittskarten« für die Insel, die zwischen 1701 und 1712 ausgehändigten Prunkurkunden, blieben im heimatlichen Archiv in Hannover.

Anmerkungen

1 Eine ausführliche historische Einordnung, eine diplomatie- und kunstgeschichtliche Analyse sowie eine vollständige Edition der Sukzessionsurkunden legen die Autoren zusammen mit Malte-Ludolf Babin unter dem Titel *Brief und Siegel für ein Königreich. Die Prunkurkunden zur hannoverschen Thronfolge in Großbritannien* in der Schriftenreihe der Historischen Kommission für Niedersachsen und Bremen vor. Für die Geschichte der Sukzession ist weiterhin grundlegend: Georg Schnath: Geschichte Hannovers im Zeitalter der neunten Kur und der englischen Sukzession. 4 Bde., Leipzig und Hildesheim 1938–1982, besonders Bd. 4.

2 Gottfried Wilhelm Leibniz: Sämtliche Schriften und Briefe (Akademie-Ausgabe). Reihe I, Bd. 5, Berlin 1954, Nr. 242, 423.

3 Carl Ernst von Malortie: Der hannoversche Hof unter dem Kurfürsten Ernst August und der Kurfürstin Sophie. Hannover 1847, 131.

4 Ebd., 135.

5 Schnath, wie Anm. 1, Bd. 4, 43.

6 Sophie an Lord Raby, Earl of Strafford, 15. November 1711. Vgl. James Macpherson: Original Papers; containing the secret History of Great Britain from the Restauration to the House of Hannover. Vol. II, Dublin 1775, 266.

7 Sophie an Friedrich I., 16. Juli 1712. Vgl. Ernst Berner (Hrsg.): Aus dem Briefwechsel König Friedrichs I. von Preußen und seiner Familie. Berlin 1901, Nr. 548, 279.

8 Harald Olbrich und Gerhard Strauß (Hrsg.): Lexikon der Kunst. 2. Aufl., Leipzig 1987, Bd. 1, 395.

Die Medaillen auf die Personalunion und auf den Regierungsantritt Georgs I.

Ulrike Weiß

Kaum ein historisches Ereignis aus den Jahrzehnten vor und nach 1700 (als die Medaillenkunst eine Blütezeit erlebte) zog so viele Prägungen nach sich wie die hannoversche Sukzession. Insgesamt entstanden zwölf Prägungen: fünf in den offiziellen Münzstätten in London und Hannover und sieben in der Werkstatt bzw. im Auftrag freier Unternehmer.

1. Das metallene Bildnis des Herrschers

1.1. Medaillen als Propagandamedium und Sammelobjekt

»Ihre Majestät« war ein fernes Konzept und doch allgegenwärtig: Die Mehrzahl der Untertanen bekamen König oder Königin nie zu sehen. Dennoch hatten sie das Bildnis des Herrschers regelmäßig in der Hand, denn es zierte (und ziert) in Großbritannien jedes Geldstück. Auch grafische Portraits, meist nach Vorlage des offiziellen Krönungsporträts gefertigt, kamen rasch in unterschiedlicher Größe und Qualität in Umlauf. Sie waren zwar nicht für jeden Geldbeutel erschwinglich, aber durchaus einem größeren Käuferkreis zugänglich.

Die Händler und Verleger, die Bücher und Grafiken vertrieben, hatten häufig ein weiteres »Druckerzeugnis« im Angebot: Medaillen. Wie die papierene Ware sind auch Medaillen ein Massenmedium, also »Kommunikationsmittel, die durch technische Vervielfältigung und Verbreitung [...] Inhalte an eine unbestimmte Zahl von Menschen vermitteln und somit öffentlich an ein anonymes, räumlich verstreutes Publikum weitergeben« (Burkart 2002, 169).

Die »technische Vervielfältigung« geschah bei Medaillen dergestalt, dass der vorbereitete, gehärtete Prägestempel mit hohem Druck in den Rohling gepresst wurde. Dieser Druck konnte auf unterschiedliche Weise erzeugt werden; seit der zweiten Hälfte des 17. Jahrhunderts setzte sich dafür zunehmend die Spindelpresse durch, welche gleichmäßige Ergebnisse in größtmöglicher Zahl garantierte (Maué 2008, 25–30).

Die »Zahl von Menschen«, die sich Medaillen leisten konnten und wollten, ist zwar schwer zu bestimmen, blieb aber auf jeden Fall sehr überschaubar. Das gilt selbst für die zweite Hälfte des 17. und das beginnende 18. Jahrhundert, obgleich die Medaillenproduktion ebenso wie die Mode des Medaillensammelns in diesen Jahrzehnten einen Höhepunkt erlebte und neue Wege der Vermarktung und des Vertriebs erprobt wurden (Jones 1983, 209–212).

Mehrere Faktoren hatten zu dieser Blüte beigetragen. Zum einen hatten die Fürsten Medaillen als Mittel herrschaftlicher Repräsentation (wieder-)entdeckt. Vorbild war hierin wie in anderen Aspekten der Hofkultur der »Sonnenkönig«, Ludwig XIV. von Frankreich. Dieser veranlasste seit den 1660er Jahren die Herausgabe einer »Histoire métallique« seiner Regierung, d.h. einer Serie von Medaillen, die zeitgenössische Ereignisse, Errungenschaften und Siege glorifizierten. Die Reaktion erfolgte prompt: Vor allem in den Niederlanden gab es etliche Medailleure, die sich auf drastische antifranzösische Karikaturen spezialisierten (Jones 1979, 81–88).

Medaillen konnten demnach nicht nur zu Instrumenten fürstlicher Propaganda werden, sondern auch zu politischen Pamphleten. Wie in gedruckten Flugblättern beruhte die Wirkung auf dem Zusammenspiel von Bild und Text. Doch stellten Medaillen allein schon wegen ihres Formats ungleich höhere Anforderungen an die Künstler wie auch an die sammelnden Rezipienten. Dass das »Bild« im kleinsten Format dreidimensional und haptisch erfahrbar war, machte einen Teil des Reizes der Medaille aus. Der andere lag darin begründet, dass der Text kryptisch-kurz sein musste und stets auf Latein abgefasst wurde. So waren teilweise höchst komplexe Anspielungen und Bild-Text-Bezüge zu entschlüsseln, wollte man die jeweilige Botschaft einer Medaille verstehen. Die Medaillen-Leidenschaft war darum keineswegs auf höfische Kreise beschränkt: Bildung war entscheidender als Reichtum, und zahlreiche Gelehrte zählten zu den passioniertesten Sammlern.

»Da habe ich mein spaß«, schrieb die Herzogin von Orléans, Liselotte von der Pfalz, im Januar 1709 an ihre Tante, die Kurfürstin-Witwe Sophie in Hannover, »die curiosen und gelehrten [dar]über disputieren zu hören, undt ich laß mir alle die historien von den revers [den Rückseiten der Medaillen] verzehlen, das divertirt mich recht« (Bodemann 2, 1891, 197). Dem Genuss einer Sammlung, dem Befühlen und Bestaunen der Medaillen, konnte man sich alleine hingeben; noch mehr Vergnügen aber lag in der gemeinsamen Betrachtung. Würde der Besucher die entsprechenden Anspielungen verstehen, vielleicht auf andere, vergleichbare Medaillen zum selben Thema verweisen? Konnte man selbst mit einer besonderen Deutung brillieren oder einen neuen Aspekt erfahren? Medaillensammlungen boten einen Anziehungspunkt gebildeter Geselligkeit ebenso wie der Repräsentation (s. z.B. Van der Cruysse 1990, 533f.).

Selbstverständlich spielte auch der Materialaspekt eine Rolle. Mit großer Zufriedenheit berichtete Liselotte von der Pfalz im bereits zitierten Brief an die Kurfürstin-Witwe Sophie: »[Ich] habe jetzt 410 goltene medaillen beysamen.« Sie bewahrte sie getrennt von den silbernen Stücken auf, obwohl sie insgesamt versuchte, zusammenhängende »Serien« zu historischen Ereignissen und bestimmten Regentschaften zusammenzustellen. Manche Medaillen besaß sie auf diese Weise auch doppelt, denn um die Bedürfnisse des Marktes zu befriedigen, wurden die meisten Exemplare sowohl in Gold als auch in Silber und zudem in unedlen Metallen angeboten. Das führte zu einem breiten Preisspektrum: Die kostbarsten, schweren Goldmedaillen waren bis zu sechshundertfach teurer als die Prägungen in Zinn, die für weniger Betuchte gefertigt wurden (Jones 1983, 210). Der Preis richtete sich jeweils nach Material, Größe und Gewicht.

I.2. Sammlerstücke als Handelsware

Die wachsende Popularität von Medaillen im letzten Viertel des 17. Jahrhunderts führte nicht nur zu technischen Neuerungen, sondern vor allem auch dazu, dass Medaillen Handelsware wurden. Annähernd analog zu den Druckmedien, wenn auch in wesentlich kleinerem Umfang, bildete sich ein Münz- und Medaillenverlagswesen aus. Zu Beginn des 18. Jahrhunderts konnten sich auch in Deutschland etliche erfolgreiche Medaillenunternehmer etablieren, nachdem sie sich das sogenannte Schaumünzprivileg gesichert hatten. Dieses entweder vom Kaiser oder von den Reichsstädten verliehene Recht gestattete, Medaillen in eigener Werkstatt herzustellen. Es wurde nur vereinzelt erteilt, und seine Einhaltung wurde streng überwacht, denn wer in der Lage war, Medaillen zu prägen, hatte selbstverständlich auch die technischen Möglichkeiten, Falschgeld zu »drucken«, ganz abgesehen von der Möglichkeit, Medaillen an der herrschaftlichen Kontrolle vorbei quasi als Pamphlete für Gebildete zu nutzen. Im absolutistischen Frankreich sorgte Ludwig XIV. darum dafür, dass die königliche Münze ihr Monopol behauptete, und die dortigen Medailleure hatten sich an strikte inhaltliche Vorgaben zu halten. Auch im parlamentarisch, aber zentralistisch regierten Großbritannien behielt die Royal Mint ihr Monopol, und ab 1706 mussten alle Medaillenentwürfe einer Kommission zur Genehmigung vorgelegt werden (Barber 1985, 2–5).

Im Territorienverband des Heiligen Römischen Reichs deutscher Nation dagegen konnten einzelne Medaillenverleger höchst erfolgreich agieren. Der Pionier auf diesem Gebiet und höchst produktive Marktführer war Christian Wermuth (1661–1739) in Gotha.[1] Zwischen 1699 und 1739 brachte er nahezu 1500 Medaillen heraus, von denen er zudem die meisten selbst geschnitten hatte. Während die Residenzstadt Gotha lediglich durch Wermuths Alleingang zu einem der Zentren deutscher Medaillenproduktion aufsteigen konnte, konzentrierte sich der Markt, wie zu erwarten, auf die freien Reichsstädte, allen voran auf Nürnberg. Dort waren mit Georg Friedrich Nürnberger (1677–1716 nachweisbar; Forrer 4, 1909, 289–292) sowie Caspar Gottlieb Lauffer (1700–1745 nachweisbar; Forrer 3, 1907, 325–334) zwei überaus erfolgreiche Medaillenverleger tätig. Beide schnitten nur einen kleinen Teil der von ihnen verlegten Medaillen selbst und beschäftigten eine ganze Reihe von Medailleuren, die regelmäßig für sie arbeiteten. Wie Wermuth produzierte auch Lauffer seine Medaillen in mehreren standardisierten Größen, brachte umfangreiche Verkaufskataloge mit Beschreibungen seines Angebots heraus und betrieb ein Versandsystem. Wermuth beschickte zudem regelmäßig die Leipziger Messe und verstand es auch dadurch, »bei dem publico seine medaillen beliebt zu machen« (Lochner 6, 1742, Vorrede, o. P.).

In den zwei Jahrzehnten vor und nach 1700 erlebte die Sammelleidenschaft für Medaillen einen Höhepunkt. So ist es nicht verwunderlich, dass ein solch einzigartiges politisches Ereignis wie die hannoversche Sukzession deren Produktion anheizte: Nicht weniger als fünf offizielle und sieben inoffizielle (d. h. für den freien Markt gefertigte) Medaillen feiern den Regierungsantritt Georgs I.

2. Die offiziellen Medaillen auf die Krönung Georgs I.

2.1. »Strange changes in our State, a stranger King«: Ein Unbekannter besteigt den britischen Thron

Nur wenige Stunden nachdem Königin Anna am 1. August 1714 gestorben war[2], wurde Georg Ludwig, Kurfürst von Hannover, zum neuen König Georg ausgerufen. Bei seinem Einzug in London wurde Kurfürst Georg Ludwig von Hannover, der künftige König, »with every possible demonstration of joy« empfangen. Das musste sogar die politische Gegenseite feststellen (so der Duke of Berwick; Hoppit 2000, 389). Was hier gefeiert wurde, war allerdings nicht die hannoversche, sondern vielmehr die protestantische Thronfolge: Um die Rückkehr der katholischen Stuarts zu verhindern, musste man notgedrungen diesen in Großbritannien weitgehend unbekannten deutschen Prinzen akzeptieren. Seine Legitimität bezog Georg Ludwig daraus, ein Urenkel Jakobs I. und der nächste Protestant in der Thronfolge zu sein. Dies war nicht nur innerhalb Großbritanniens Thema heftiger Debatten: Konnte Konfession und konnte ein Parlamentsakt das dynastische Geblütsrecht außer Kraft setzen? Und wie würden sich die politischen Allianzen in Europa durch die Personalunion zwischen Großbritannien und dem Kurfürstentum verschieben?

Mit Georg I. gelangte nach Wilhelm III., dem Statthalter von Oranien, innerhalb kurzer Zeit bereits der zweite »Fremde« auf den britischen Thron: »Strange changes in our State, a stranger King«[3], hieß es in einem anti-hannoverschen Gedicht. Davon gab es viele, und die anti-hannoversche Polemik war über unterschiedliche Medien leicht und lauthals zu verbreiten. Seit der zweiten Hälfte des 17. Jahrhunderts hatten in Großbritannien die öffentliche Diskussion um politische Fragen und die Macht der Presse in bislang ungekanntem Maß – und in für das Kurfürstentum Hannover undenkbarer Weise – zugenommen. »Nothing could be grosser«, erinnerte sich Horace Walpole in seinen Memoiren, »than the ribaldry that was vomited out in lampoons, libels, & every channel of abuse against the Sovereign and the new court, and chanted even in their hearing about the public streets«.[4]

Diese Propaganda trug dauerhaft Früchte: Als direkte Folge daraus wurde Georg I. über Jahrzehnte, teilweise bis heute, in der britischen Geschichtsschreibung als engstirniger und beschränkter Politiker dargestellt, bestenfalls als »an honest blockhead«, weder gewillt noch fähig, die Sitten und Gesetze seines neuen Landes zu verstehen (Stuart-Wortley-MacKenzie Wharncliffe 1837, 111f.). Auch die beständig wiederholte Behauptung, Georg habe bei seiner Ankunft in Großbritannien so gut wie kein Englisch gesprochen und es auch später kaum gelernt, ist mittlerweile widerlegt; allerdings bevorzugte er weiterhin das Französische, die »lingua franca« des europäischen Adels.

Ohnehin bot Georg der feindlichen Presse genug Angriffsfläche, denn er war geschieden, was an sich schon einen unerhörten Skandal darstellte, auch ohne die Gerüchte um das Verschwinden des Grafen von Königsmarck, die 1694 an allen europäischen Höfen kursierten. In Greenwich ging Georg demnach ohne Königin an Land. Allerdings gehörten zu seinem engen Umkreis zwei Damen, die dem Volksmund bald beide als seine Mätressen galten und als »the elephant and the maypole« verspottet wurden; tatsächlich war die eine seit nahezu 25 Jahren seine Mätresse, die andere aber seine Halbschwester (Hatton 1978, 48–54 und 134–138).

Die pro-hannoversche Propaganda hatte es nicht leicht bei ihrem Versuch, ein positives Gegenbild aufzubauen, zumal Georg

Abb. 1: Georg Ludwig von Braunschweig-Lüneburg. Das Portrait entstand während seiner Reise nach Großbritannien im Jahr 1680. Richard Thompson nach Sir Godfrey Kneller. Schabkunstblatt, 440 x 335 mm. National Portrait Gallery, London.

kein strahlender junger Prinz mehr war, sondern immerhin schon 54 und »short of stature [...] his cheeks are pendent«, wie ein Beobachter notierte.[5] Ohnehin hatten seine neuen Untertanen zunächst – im Wortsinn – gar kein Bild ihres neuen, fremden Königs vor Augen. Vor 1714 waren in Großbritannien nämlich lediglich zwei grafische Portraits Georg Ludwigs im Umlauf: ein Mezzotinto des jungen »Prince de Hanover«, das 1680 anlässlich seines einzigen Besuchs in London entstanden war (verlegt von Richard Thompson, nach Godfrey Kneller; Abb. 1), sowie ein Bildnis des Kurfürsten, das John Smith 1706 spekulativ aus Anlass der (dann rasch gescheiterten) Besuchspläne des Hauses Hannover

Abb. 2: Georg Ludwig, Kurfürst von Hannover. Das Portrait entstand 1706, als eine Reise des Kurfürsten nach Großbritannien erwogen wurde. John Smith nach Johann Leonhard Hirschmann. Schabkunstblatt, 355 x 260 mm. National Portrait Gallery, London.

verlegte (Abb. 2). Die erste Möglichkeit, das Bild des neuen Königs sowie Sinnbilder seiner Person und Regierung unter das Volk – oder zumindest unter Teile der Bevölkerung – zu bringen, boten seine Landung in Greenwich, sein Einzug in London sowie die Krönung selbst.

2.2. Die offiziellen britischen Medaillen der Königlichen Münze auf Sukzession und Krönung

Zu diesen drei feierlichen Massenanlässen wurden von der Königlichen Münze jeweils offizielle Medaillen herausgegeben. Diejenige auf die Ankunft Georg Ludwigs in Großbritannien feiert ihn als »RECTOR MARIUM«, als »Beherrscher der Meere«. Als Neptun fährt er im Radnachen, von einer Quadriga von Seepferden gezogen und begleitet von Tritonen und Seejungfrauen, dem Festland entgegen. Im Abschnitt, d. h. dem Textfeld unter der Darstellung auf der Rückseite der Medaille, findet sich die Erläuterung: ADVENTUS REGIS / IN BRITANNIAM / 18 SEPTEMB. / 1714 (»die Ankunft des Königs am 18. September 1714«; Abb. 3).

Die Medaille hat einen Durchmesser von 68 mm, ist also groß, schwer, repräsentativ – und teuer. Die Gleichsetzung des Herrschers einer Seefahrernation mit Neptun war seit dem 16. Jahrhundert gebräuchlich und bot sich hier besonders an, da Georg Ludwig zudem ein Meer überqueren musste, um sein neues Königreich zu erreichen. Zugleich war diese Darstellung eine Replik auf französische Medaillen, in denen sich Ludwig XIV. in der Gestalt Neptuns als Beherrscher der Meere feiern ließ. Dies hatte sowohl in Holland als auch in Großbritannien, die sich als die eigentlichen Seemächte verstanden, zu entsprechender Reaktion geführt: Mehrere Medaillen zeigen bereits Wilhelm III. als wahren Neptun (Jones 1982, 204f.). Die Medaille auf Georg Ludwigs Landung in Greenwich knüpfte an diese Bildtradition an.

Zwei Tage später zog er mit großem Prunk und begleitet von über 200 sechsspännigen Kutschen in London ein, wo er vom Lord-Mayor und den Stadtverordneten empfangen wurde (Schnath 4, 1982, 435; Hoppit 2000, 389). Auch zu diesem Ereignis erschien eine Medaille, die ihn in einer Quadriga – nun der terrestrischen Art – vor den Toren der Stadt zeigt. Eine

Abb. 3: Medaille auf die Landung Georg Ludwigs in Greenwich, 1714. John Croker. Silber, 68 mm. Museum August Kestner, Hannover. Foto: Christian Tepper.

Abb. 4: Medaille auf die Ankunft Georg Ludwigs in London, 1714. John Croker. Silber, 48 mm. Museum August Kestner, Hannover. Foto: Christian Tepper.

gekrönte Göttinnengestalt überreicht ihm den Stadtschlüssel, und anstelle des Dreispitzes hält er nun ein Szepter. Die Umschrift lautet: LAETITIA PUBLICA (»Freude des Volkes«), und der Text im Abschnitt verweist auf ADVENTUS REGIS / IN URBEM / 20 SEPT: / 1714 (»die Ankunft des Königs in der Stadt am 20. September 1714«). Diese Medaille ist mit einem Durchmesser von 48 mm deutlich kleiner und entspricht damit einem gängigen, mittleren Maß (Abb. 4).

Die Krönung in Westminster Abbey erfolgte einen Monat später, am 20. Oktober. Dieses Ereignis feiert die eigentliche Krönungsmedaille: Sie zeigt Georg Ludwig auf dem Thron, wie er von der geharnischten Britannia gekrönt wird. Hierzu gibt es keine lateinische Umschrift, sondern lediglich einen Text im Abschnitt, der das Datum enthält: INAUGURAT XX OCT / MDCCXIIII. Mit nur 34 mm Durchmesser ist die Krönungsmedaille die kleinste der Serie (Abb. 5).

Das verwundert nicht, denn sie musste in der höchsten Auflage produziert werden. Aus Anlass von Krönungsfeierlichkeiten wurden – nicht nur in Großbritannien – Krönungsmedaillen in Gold an Parlamentsabgeordnete, ausländische Gesandte und andere Würdenträger verteilt. Bedienstete wie etwa Ärzte und Geistliche erhielten

Abb. 5: Die offizielle Krönungsmedaille, die während der Feier am 20. Oktober 1714 in Westminster Abbey verteilt wurde. John Croker. Silber, 34 mm. Museum August Kestner, Hannover. Foto: Christian Tepper.

Silbermedaillen. In London wurden außerdem während der Krönungsfeier Gold- und Silbermedaillen in die versammelte Menge (der geladenen Gäste) geworfen. Der in der Kramerstraße in Hannover ansässige Verleger Nicolaus Förster beschrieb diesen Vorgang für sein Publikum im Kurfürstentum folgendermaßen: »Während der Huldigungs-Solennität [in der Kathedrale von Westminster], pfleget der Schatz-Meister des Königl. Hauses, in Begleitung des Obersten Herolds [...] von der Süd-West und Nord-Seite der Bühne, silberne und güldene, mit Fleiß hierzu verfertigte Medaillen, oder Gedächtniss-Müntzen, als Zeichen von Sr. Majestät Fürstl. Mildigkeit, unter das umstehende Volck zu werffen« (Förster 1728, 59).

Seit der Krönung Königin Annas im Jahr 1702 wurden die britischen Krönungsmedaillen auch in Kupfer geprägt und offenbar in noch größerem Umfang verteilt. Anlässlich der Krönung Georgs I. im Jahr 1714 wurden 330 Medaillen in Gold, 1200 in Silber und eine unbekannte Zahl in Kupfer geprägt, anlässlich der Krönung Georgs II. im Jahr 1727 236 in Gold, 800 in Silber und ebenfalls eine unbekannte Zahl in Kupfer (Eimer 1989, 59f.). Allerdings – auch das wird schon aus diesen Zahlen ersichtlich – konnten während der Zeremonie des Auswerfens keineswegs alle Anwesenden eine Medaille ergattern. So bemerkte z.B. der durch seine Tagebücher berühmt gewordene Parlamentsabgeordnete Samuel Pepys anlässlich der Krönung Karls II. etwas verschnupft: »Medals [were] flung up and down by my Lord Cornwallis of silver, but I could not come by any« (Pickup 2004, 26). Bei der Krönung Königin Viktorias im Jahr 1837 kam es, wie die Zeitungen genüsslich berichteten, zu tumulthaften Szenen, als sich die adeligen Gäste um die Medaillen balgten; bei der Krönung ihres Nachfolgers 1901 verzichtete man erstmals auf diese Zeremonie (Eimer 1989, 58ff.).

2.3. John Croker, Chief Engraver of the Royal Mint

Alle drei offiziellen britischen Medaillen auf die hannoversche Sukzession wurden jeweils vom »Chief Engraver der Royal Mint«, John Croker, entworfen und gefertigt. Croker war selbst über den Ärmelkanal gekommen: 1670 als Johann Crocker in Dresden geboren, durchlief er zunächst eine Ausbildung als Goldschmied.[6] 1691 kam er nach London. Seit 1697 war er als Assistant Engraver bei der Königlichen Münze angestellt, 1705 rückte er zum Chief Engraver auf, ein Amt, das er bis zu seinem Tod im Jahr 1741 innehatte. Das bedeutete, dass nicht nur die Gestaltung aller zu prägenden Münzen in seiner Hand lag, sondern auch die sämtlicher offizieller Medaillen, die in dieser Zeit in Auftrag gegeben wurden: 29 während der zwölfjährigen Regierungszeit Königin Annas, 9 während der dreizehnjährigen Regierungszeit Georgs I. und 5 während der Regierungszeit Georgs II. bis 1741. (In diesen Zahlen spiegelt sich die allgemein nachlassende Bedeutung von Medaillen nach etwa 1720). Bereits die offiziellen Medaillen auf Regierungsantritt und Krönung Annas sind, obschon er damals noch nicht die Leitung der Münze innehatte, sein Werk. So prägte er – im wörtlichen Sinn – das offizielle Bild aller drei Monarchen.

Die letzten Stadien des Entwurfsprozesses zahlreicher Medaillen Crokers sind durch ein einzigartiges Dokument überliefert: das sogenannte Alchorne Manuscript. 1851 konnte das Britische Museum diesen Sammelband mit Medaillenentwürfen erwerben, das aus dem Nachlass des Beschaumeisters der Königlichen Münze, Stanesby Alchorne (1727–1800), stammte. Die Entwürfe zeigen die Rückseiten von Crokers Medaillen aus der Zeit von 1706 bis 1732 und tragen die offiziellen Genehmigungsvermerke des Münzmeisters und weiterer Kommissionsmitglieder (»we approve of this medall, lett this medall be made«). Dabei wurden auch Änderungswünsche, die bildliche Darstellung bzw. die Inschrift betreffend, festgehalten. Die Medaillenvorderseiten bedurften dagegen keiner Genehmigung, denn hier wurde stets das Profilporträt der Regentin bzw. des Regenten eingesetzt (British Library Add. MS 18757; s. Pickup 1992, 19–26).

Für seine Entwürfe konnte Croker aus einem Fundus unterschiedlicher Vorlagen schöpfen. Und er musste das auch tun, denn Entwurf wie Ausführung der Medaillen hatten oft überaus rasch zu erfolgen. Einen ersten Vorschlag für die Krönungsmedaille Georgs I. legte Croker am 30. September (britischer Zeitrechnung) vor, drei Wochen vor dem Ereignis. Er zeigte Georg als »Fidei Defensor«, als Verteidiger des Glaubens. Nachdem die Kommission diesen Entwurf abgelehnt hatte, lieferte Croker einen weiteren, der nun den thronenden König, von Britannia gekrönt, zeigte (Wollaston 1978, 72). Dieses Motiv wurde abgesegnet, und nun mussten die Fertigung der Medaillenstempel (wegen der großen Zahl der zu prägenden Stücke waren mehrere Stempel nötig; Hawkins 1907, CXXXIX, 7–10) und die Prägung der Medaillen unter höchstem Zeitdruck erfolgen.

2.4. Das Portrait »für die Münze«

Da für den jeweiligen Entwurf so wenig Zeit blieb, verwunderte es nicht, dass die Symbolik der begleitenden Rückseiten-Darstellungen eher allgemein blieb. Was die Vorderseite seiner Medaillen anging, sah Croker sich mit einem schwerwiegenden Problem konfrontiert: Er musste das erste offizielle Portrait des neuen Herrschers prägen, ohne ihn je gesehen zu haben. Die beiden oben genannten Grafiken von Thompson und Smith waren dabei wenig hilfreich, denn sie zeigten Georg Ludwig in jüngeren Jahren und zudem nicht im Profil. Newton klagte denn auch in einem Schreiben an die Abnahmekommission: »The form of His Majesty's face is taken from a medal made in Germany; but medals made there by different gravers are not like one another« (Wollaston 1978, 72). Betrachtet man die – ohnehin nicht besonders zahlreichen – offiziellen Medaillen auf Georg Ludwig von Raimund Faltz, Samuel Lambelet und Ehrenreich Hannibal, die vor 1714 in Hannover entstanden[7], kann man Newton nur zustimmen: In vier Portraits von drei Medailleuren scheint man vier verschiedene Personen zu erblicken.

Im Hinblick auf die Krönungsmedaille, vor allem aber auf die nun zu prägenden neuen Geldmünzen sorgte man darum in London für eine autorisierte, aktuelle Vorlage des königlichen Profils. So war man bereits anlässlich der Krönung Königin Annas verfahren: Die zukünftige Königin saß in den Wochen vor der Krönungszeremonie dem Hofmaler Sir Godfrey Kneller für ein Profilporträt, »in order to grave an impress by, for the coronation medals and coin«, wie die zeitgenössische Presse berichtete.[8] Dieses Portrait existiert in mehreren Werkstattausführungen und wurde selbstverständlich für einen breiteren Käuferkreis auch in einer Grafik aufgelegt (Millar 1963, Nr. 339). Im Falle Georg Ludwigs musste eine solche Vorlage erst recht notwendig erscheinen, und wieder wurde Sir Godfrey Kneller damit beauftragt. Das Portrait, das quasi sofort nach der Ankunft Georg Ludwigs entstanden sein muss, zeigt ihn im Profil nach rechts, im gemalten Ovalrahmen ohne Hintergrund oder weitere Attribute. Er trägt eine Rüstung mit einem umgelegten, mit einer Spange befestigten Tuch, wie es der Konvention der Medaillenporträts entsprach. Auch dieses Portrait existiert in mehreren Versionen und wurde im Druck verbreitet. Im Mai 1715 erhielt Kneller 20 Pfund »for the coin« (Millar 1963, Nr. 359; Abb. 6).

Das Ergebnis ist sofort ersichtlich: Das Portrait der Krönungsmedaille Crokers unterscheidet sich deutlich von denjenigen der beiden vorangegangenen; in der Proportion von Wange, Kinn und Nase entspricht es dem Profilporträt Knellers. Umso erstaunlicher ist, dass man die Verwendung des neuen Profils offenbar nicht konsequent durchsetzte. Der Genehmigungspflicht durch die Kommission unterlagen jeweils nur die Bildmotive der Medaillenrückseiten, und für die Vorderseite verwendete Croker in den folgenden Jahren ganz offensichtlich dasselbe Portraitmodell wie in seiner Medaille auf die Ankunft Georgs in London.[9]

Um 1720 druckte die Königliche Münze eine Liste, die in chronologischer Folge alle dort geprägten Medaillen verzeich-

Abb. 6: König Georg I.
Das Profilporträt wurde im Herbst 1714 als Vorlage für Münzen und Medaillen in Auftrag gegeben.
Sir Godfrey Kneller. Öl auf Leinwand, 756 x 635 mm. National Portrait Gallery, London.

2.5. Die offiziellen hannoverschen Medaillen auf Sukzession und Krönung

Mit Beginn der Personalunion herrschte Georg Ludwig nicht nur über zwei Territorien, sondern verfügte auch über zwei Münzstätten. Und selbstverständlich entstanden nicht nur in London offizielle Medaillen auf Regierungsantritt und Krönung: Auch in seinem Stammland Hannover wurde dieses Ereignis durch eigene Prägungen gefeiert. Ausgeführt wurden diese Medaillen von Ehrenreich Hannibal, dem am kurfürstlichen Hof eine ähnliche Rolle zukam wie John Croker am königlichen in Großbritannien.

Zur Biographie des Medailleurs mit dem auffallenden Namen ist nur wenig bekannt (Hawkins 1885, 727; Forrer 2, 1904, 420–422; Brockmann 1987, 345). Rückschlüsse lassen sich vor allem aus seinen Medaillen selbst ziehen. Hannibal wurde 1678 in Stockholm geboren und starb 1741 in Clausthal, dem Sitz der hannoverschen Münze im Harz. Seine Ausbildung erfuhr er bei Arvid Karlsteen, der nicht nur als der bedeutendste schwedische Medailleur seiner Zeit galt, sondern auch international hohes Ansehen genoss. Auf zahlreichen Auslandsreisen pflegte Karlsteen seine Kontakte, u. a. zu Georg Ludwigs Vater, Herzog Ernst August von Braunschweig-Lüneburg, und möglicherweise kam Hannibal zunächst mit seinem Lehrmeister nach Deutschland. Hannibal fertigte einige Medaillen für den König von Schweden und scheint dann für den brandenburg-preußischen Hof gearbeitet zu haben. Einzelne Aufträge führte er auch für den Landgrafen von Hessen-

nete, welche zum Verkauf zur Verfügung standen (Eimer 1989, 21f.). Alle Medaillen waren jeweils in einer Version in Gold, Silber und Kupfer erhältlich und wurden offenbar auf Nachfrage – quasi als print on demand – geprägt. Von den drei Medaillen Crokers auf Sukzession und Krönung Georgs I. war diejenige auf seine Ankunft (»A large Medal on the King's first Arrival in England«) mit Abstand am teuersten: In Gold kostete sie 30 Pfund, während die Medaille auf seinen Einzug in London für 10 Pfund und die nochmals wesentlich kleinere Krönungsmedaille bereits für 3 Pfund und 15 Schillinge in Gold zu haben waren.

Abb. 7: Hannoversche Medaille auf die Proklamation Georg Ludwigs zum König von Großbritannien. Ehrenreich Hannibal. Silber, 66 mm. Museum August Kestner, Hannover. Foto: Christian Tepper.

Darmstadt sowie für die Stadt Hamburg aus. Vor allem aber war er jahrzehntelang für das Haus Braunschweig-Lüneburg tätig. 1699 schnitt er erstmals eine Medaille für den Celler Herzog Georg Wilhelm von Braunschweig-Lüneburg, die den Ausgang von Grenzverhandlungen mit Brandenburg feierte; damals dürfte er noch in den Diensten Brandenburgs gestanden haben. Endgültig scheint Hannibal 1705 nach Hannover gewechselt zu haben. Der Kontakt dafür könnte ebenfalls in Berlin geknüpft worden sein; schließlich war die zu Anfang des Jahres verstorbene preußische Königin Georg Ludwigs Schwester gewesen. Der erste Auftrag Georg Ludwigs war die Gedenkmedaille auf den Tod seines Celler Schwiegervaters Georg Wilhelm im August 1705.[10] Von da an lieferte Hannibal Medaillen auf alle für die hannoversche Dynastie wichtigen Ereignisse. Nach London allerdings konnte Georg Ludwig seinen Medailleur nicht mitnehmen; 1715 ernannte er ihn vielmehr zum Münzmeister in Clausthal.

Hannibal legte zwei Medaillen auf den Regierungsantritt Georg Ludwigs in Großbritannien vor. Die erste feiert seine Ausrufung zum König nach dem Tod Annas am 1. August. Mit 66 mm Durchmesser entspricht sie der Größe von Crokers Medaille auf die Landung. Auf der Rückseite zeigt sie den stehenden König im Krönungsgewand, der von der Personifikation der Religio geleitet und von der Personifikation der Libertas bekränzt wird, während die vor ihm kniende Britannia ihm die Krone reicht. Auch für das von einem Löwen gehaltene britische Wappen findet sich noch Platz. Die Umschrift lautet PRINC: OPT: RELIGIONIS ET LIBERTATIS CUSTODI (»dem besten Fürsten, dem Bewahrer von Glauben und Freiheit«). Und im Abschnitt: PUBLICA AUCTORITATE / PROCLAMATO 1/ 12 AUG ANNO MDCCXIIII (»durch öffentliche Gewalt ausgerufen am 1/ 12 August 1714«). Anders als auf den britischen Medaillen wird hier das jeweilige Datum beider Kalender – dem im Kurfürstentum geltenden, neuen gregorianischen

Abb. 8: Hannoversche Medaille auf die Krönung Georgs I. Ehrenreich Hannibal. Silber, 52 mm. Museum August Kestner, Hannover. Foto: Christian Tepper.

und dem in Großbritannien noch gültigen alten, julianischen – angegeben (Abb. 7).

Für diese Medaille gab es mindestens zwei Stempel, von denen einer offenbar rasch brach. Oder wurde er aus dem Verkehr genommen? Neben kleineren Modifikationen in der Anbringung der Devise auf der Rückseite sowie der Form der Signatur auf der Vorderseite springen nämlich vor allem die Unterschiede im Portrait ins Auge, insbesondere, was die Nasenlinie angeht. Die zweite Variante (auf dem unbeschädigten Stempel) entspricht Knellers Profilporträt. Sollte dieses also auch Hannibal zur Vorlage gedient haben (so Millar 1963, Nr. 339)? Das wirft allerdings die Frage auf, wie rasch eines der Exemplare des Kneller'schen Portraits nach Hannover gelangen konnte[11], bzw. auch, wie rasch nach dem Regierungsantritt die Medaille in Hannover vorzuliegen hatte. Und ist es bloßer Zufall, dass Hannibals Medaille dem Thema des ersten von Croker vorgelegten Entwurfs zu entsprechen scheint?

Neben der Medaille auf den Regierungsantritt legte Hannibal auch eine eigene Krönungsmedaille vor. Da diese nicht zur Verteilung anlässlich des Ereignisses selbst bestimmt war, konnte sie mit 52 mm Durchmesser ebenfalls sehr groß ausfallen. Und in diesem Fall muss die Kenntnis von Crokers Medaille zwingend vorausgesetzt werden: Hannibal verwendete dasselbe Bildmotiv. Da er jedoch nicht nur mehr Platz, sondern offenbar auch mehr Zeit zur Ausführung zur Verfügung hatte und für eine kleinere Zahl von Kopien planen konnte, legte er es sehr viel detailreicher an. Der Thron hat hier einen Baldachin erhalten, Britannia hält ein Schild mit erkennbarem Wappen. Auch ist das Relief tiefer und die Darstellung damit insgesamt plastischer. Auch hier brachte Hannibal beide Daten auf der Medaille unter; offenbar hoffte er auf eine Verbreitung auf beiden Seiten des Kanals (Abb. 8).

3. Medaillen für den freien Markt

3.1. Wermuth: Phoenix aus der Asche

Doch nicht nur die offizielle Produktion lief im Sommer und Herbst 1714 auf Hochtouren. Auch die Medaillen-Unternehmer ließen sich diese wahrhaft einmalige Gelegenheit selbstverständlich nicht entgehen.

Christian Wermuth in Gotha legte eine Medaille vor, die sich laut der Inschrift auf der Vorderseite sowohl auf die Deklaration als auch auf die Krönung bezieht: DECLARAT XII AVG / ET CORONAT / XXXI OCT. Die Daten folgen dem deutschen Kalender.

Revers zeigt Wermuths Medaille einen Phönix, der sich aus den Flammen eines Scheiterhaufens erhebt. Erläutert wird diese Darstellung durch einen ungewöhnlich ausführlichen Text, der verkündet, dass für die Briten nun das Licht einer neuen Zeit (NOVI SECLI LVX) anbräche, und zwar EX CINERIBVS ELISABETHAE / ANNO MMDCXIII / FRIDERICO V ELECT PAL / IN MATRIMONIV / DATAE (»aus der Asche der Elisabeth, die im Jahre 1613 dem Friedrich V., Kurfürst von der Pfalz, zur Ehe gegeben wurde«). Wermuth betonte demnach die dynastische Herleitung der protestantischen Thronfolge; ob das Bildmotiv wirklich glücklich gewählt war, sei dahingestellt. Mit 52 mm Durchmesser und einem Gewicht von 71,5 Gramm fiel seine Medaille jedenfalls sehr ambitioniert – ergo: kostspielig – aus. Das dürfte ein Grund dafür sein, dass sie recht selten ist; so besitzt z.B. das Britische Museum kein Exemplar in seiner sonst lückenlos und oft mehrfach bestückten Sammlung der Medaillen auf die hannoversche Sukzession.

3.2. Nürnberger und Brunner: Apoll mit der Harfe

Auch Medaillenunternehmer in der Freien Reichsstadt Nürnberg wurden rasch tätig. Der Verleger Georg Friedrich Nürnberger beauftragte Martin Brunner (1659–1725; Forrer 1, 1904, 301ff.) mit einem entsprechenden Stück. Als Datum ist die Proklamation am 12. August (nach deutschem Kalender) angegeben. Nürnberger signierte die meisten Medaillen, die er herausbrachte, unabhängig davon, wer die Stempel tatsächlich geschnitten hatte. Hier findet sich sein »N« revers im Abschnitt, während Brunner seine Initialen auf der Vorderseite anbrachte. Die Darstellung auf dem Revers zeigt Apollo mit der Harfe. Zu seinen Füßen liegen zwei Raubkatzen; links ein Löwe, rechts ein Leopard (»gezähmt durch die Lieblichkeit der Saiten« (FIDIUM DULCEDINE MITES). Georg ist hier also mit Apoll gleichgesetzt, der die heraldischen »wilden Tiere« durch Milde bezähmt. Alle Teile seines neuen Herrschaftsgebietes sind so vertreten: Als »Leopard« bezeichnet die Heraldik einen zum Betrachter blickenden Löwen; England führt davon drei, Wales sogar vier im Wappen. Das schottische Wappen zeigt seit dem frühen 14. Jahrhundert einen steigenden Löwen. Irland schließlich ist durch das Instrument der Befriedung selbst repräsentiert: Die Harfe gilt seit dem 13. Jahrhundert als irisches Wappenzeichen. Mit nur 35 mm Durchmesser und einem Silbergewicht zwischen 14 und 15 Gramm ist Nürnbergers Stück die kleinste und damit auch die preiswerteste

Abb. 9: Medaille auf die Proklamation. Nürnberg, Martin Brunner, verlegt von Georg Friedrich Nürnberger. Silber, 35 mm. Museum August Kestner, Hannover. Foto: Christian Tepper.

unter den für den freien Markt produzierten Medaillen auf die Sukzession (Abb. 9).

3.3. Lauffer und Vestner: Sternbild Löwe, der hl. Georg als Verteidiger des Glaubens und der Ross-Sprung auf die Insel

Demgegenüber trumpfte die Konkurrenz vor Ort mit einem Angebot von gleich drei Bildmotiven auf, die Caspar Gottlieb Lauffer von Georg Wilhelm Vestner (1677–1740)[12] schneiden ließ, der regelmäßig in seinem Auftrag arbeitete. Das Portrait auf dem Avers ist dabei in nahezu allen Fällen stempelgleich, obwohl eine zweite Variante in kleiner Auflage existierte. Die drei Rückseiten stellen die ansprechendsten und zugleich anspruchsvollsten Umsetzungen des Themas dar. Das gilt sowohl hinsichtlich der Bildmotive als auch, was die komplexen Bild-Text-Bezüge angeht.

Ausnahmsweise lässt sich hier zudem mit ziemlicher Sicherheit sagen, wer für den inhaltlichen Entwurf verantwortlich zeichnete. Dieser lag nämlich in vielen Fällen nicht bei den Medailleuren, sondern entsprang, wie Lochner zu berichten wusste, der Feder eines Gelehrten, in diesem Fall des Nürnberger Theologen Joachim Negelein (1675–1749), der häufig in dieser Kapazität für Lauffer bzw. Vestner tätig war (Lochner IV, 1740, Vorrede; Will 3, 1757, 12–19). Negelein war im Jahr 1700 zu einer ausgedehnten Bildungsreise in die Niederlande und nach Großbritannien aufgebrochen und hatte dabei zahlreiche Kontakte geknüpft; offenbar bedeutete die protestantische Thronfolge in Großbritannien für ihn mehr als nur ein politisches Ereignis unter vielen, nämlich eines, das es tatsächlich in klugen Bildern zu feiern galt.

Nach Negeleins Entwurf zeigt Vestners Medaille auf die Proklamation Georgs am

 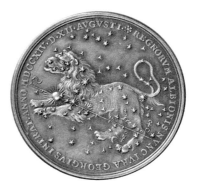

Abb. 10

Abb. 10–12: Drei Medaillen auf die hannoversche Sukzession: ein Avers, drei unterschiedliche Optionen für das Bildmotiv auf dem Revers. Nürnberg, Georg Wilhelm Vestner, verlegt von Caspar Gottlieb Lauffer. Silber, 44 mm. Museum August Kestner, Hannover, und Historisches Museum Hannover (Ross-Sprung). Fotos: Christian Tepper und Reinhard Gottschalk.

12. August das Sternbild des Löwen. Dies passt nicht nur, weil die Sonne Mitte August im Zeichen des Löwen steht, sondern vor allem auch, weil dieser als Wappentier sowohl England, Schottland und Wales als auch selbstverständlich das Welfenhaus repräsentiert. Der begleitende Text bezeichnet Großbritannien als »Albion« und evoziert damit die frühen antiken Geschichtsschreiber ebenso wie den Astronomen Ptolemäus. Das Bildmotiv selbst setzt eine berühmte astronomische Vorlage um, nämlich die Darstellung in Johannes Hevelius' 1690 erschienener, höchst einflussreicher Abhandlung »Firmamentum Sobiescianum sive Uranographia« (Weiß 2011, 232f.; Abb. 10).

Die zweite Medaille ist auf die Krönung Georgs am 31. Oktober gemünzt. Hier wird Georg unter der Umschrift FIDEI DEFENSOR ET AEQVI (»Verteidiger des Glaubens und der Gerechtigkeit«) als hl. Georg zu Pferd gezeigt, der den Drachen besiegt. Der Ritterheilige spielte in England seit Langem eine besondere Rolle: Wohl bereits seit Beginn des 13. Jahrhunderts galt er als Schutzpatron des Landes, und bis heute bildet das rote Georgskreuz auf weißem Grund die englische Landesfahne und damit einen Bestandteil des »Union Jack«, der Fahne des Vereinigten Königreichs. Als König Edward III. 1348 einen exklusiven neuen Ritterorden, den Hosenbandorden, gründete, machte er einen Anhänger mit der Darstellung des hl. Georg am Band zu dessen Abzeichen. Und im Jahr 1714 ging nun die britische Krone an einen König mit dem Namen Georg. Mit Übernahme seines neuen Amtes wurde dieser automatisch zum Oberhaupt der anglikanischen Kirche und erhielt damit den Titel »Defendor of the Faith«, was sich ebenfalls hervorragend in Gestalt des hl. Georg umsetzen ließ. Diese Bilderfindung erscheint darum so naheliegend, dass man sich wundert, warum das Motiv in keiner der anderen

Abb. 11

Abb. 12

Medaillen aufgegriffen wurde (Weiß 2011, 233–236; Abb. 11).

Als Negeleins klügste und beziehungsreichste Erfindung aber erweist sich die dritte Medaille, die ohne genaues Datum allgemein auf die hannoversche Sukzession geprägt wurde. Sie zeigt das springende »Lüneburger Pferd« – das sich seit Mitte des 17. Jahrhunderts zu einem der wichtigsten Symbole des Welfenhauses entwickelt hatte –, wie es vom Kurfürstentum auf die Insel setzt. Diese Bilderfindung erwies sich als so überzeugend, dass diese Medaille in der Literatur häufig als »die Krönungsmedaille« bezeichnet wird, obwohl sie nie eine offizielle Funktion erfüllte und ihr kein Auftrag der Welfen zugrunde lag. Und bis heute findet sie immer dann Verwendung, wenn die hannoversche Sukzession eingängig ins Bild gesetzt werden soll; das gilt für die Göttinger Ausstellung von 2005 ebenso wie für die große Landesausstellung von 2014 (Abb. 12).

Dabei ist das Bildmotiv – das von zahlreichen hannoverschen Medaillen seit Mitte des 17. Jahrhunderts bekannte springende Ross wird nun mit einer Landkarte unterlegt – nur vordergründig einfach. Tatsächlich erwies sich gerade diese Erfindung Negeleins bei näherer Analyse als ein wahres Pamphlet auf die protestantische Sukzession und als ein besonders schönes Beispiel dafür, wie Text und Bild höchst anspielungsreich zusammenwirken können. Die Umschrift lautet »ACCEDens DIGNUS DIVISOS ORBE BRITANNOS« (»ein Würdiger geht zu den Briten, welche in einer anderen Welt leben«). Der zweite Teil dieses Texts zitiert aus den Hirtengedichten Vergils (genauer: Vers 66 der ersten Ekloge). Dort wird Großbritannien als Land »jenseits des Erdkreises« (eben »Divisos Orbe Britannos«) beschrieben, ein Zitat, das im elisabethanischen England und mehr noch unter den Stuarts mit der von Homer und Hesiod vermittelten Vorstellung der Elysischen Gefilde verknüpft wurde. Großbritannien wurde damit zur »Insel der Seligen« stilisiert. Und bereits mit der Vermählung der Tochter Jakobs I., Elisabeth, mit dem protestantischen Kurfürsten Friedrich von der Pfalz hatte die puritanische Fraktion die Hoffnung verknüpft, die auch politisch abgeschiedenen Inseln nun zentral an der kontinentalen protestantischen Politik zu beteiligen.

Der immer wieder gerne zitierte Text im Abschnitt lautet »Unus non sufficit orbis« (eine Welt ist nicht genug). Dieser Vers ist den Satiren Juvenals entnommen, wo er sich auf Alexander den Großen bezog. Im 17. Jahrhundert hatten sich sowohl die Habsburger als auch die Jesuiten, die im Namen der spanischen Habsburger und der katholischen Kirche in Indien wie in Amerika auf missionarische Eroberung gingen, dieses Zitat zum Motto genommen. Es taucht – in Kombination mit einem Ross und einem Globus – sowohl auf einer spanischen als auch auf einer anti-habsburgischen Medaille aus Holland auf. Indem der protestantische Theologe Negelein, ein ausgewiesener Latinist und kenntnisreicher Numismatiker, beide Texte samt dieser Bildtradition verband, verwies er sowohl auf die iberische, katholische Expansionspolitik als auch auf die Reaktion der protestantischen Welt darauf. Abschnitt und Umschrift zusammen gelesen lassen sich in etwa so interpretieren: Da nun ein »Würdiger«, nämlich der Enkel der Elisabeth Stuart, König der abgeschiedenen Inseln (der Seligen) wird, wird er die katholische Expansion beenden und stattdessen den protestantischen Glauben verteidigen und propagieren (Weiß 2011, 236–253).

Reichlich Stoff also für gebildete Konversation unter Medaillensammlern und -sammlerinnen! Das dreifache Angebot zum Thema mag Negeleins Begeisterung für das Thema geschuldet sein, doch erkannte Lauffer, dass sich der Aufwand lohnen würde. Er brachte die drei Medaillen in der marktgängigsten Größe heraus: Bei einem Durchmesser von 44 mm und einem Gewicht von 29 Gramm kosteten sie 3 Gulden. Die Nachfrage war offenbar entsprechend, denn alle drei Medaillen, besonders aber diejenige mit dem Ross-Sprung, sind relativ häufig zu finden.

3.4. Die Hamburger Medaille

Dass im Lauffer'schen Verlag gleich drei höchst beziehungs- und anspielungsreiche Medaillen zum Thema erschienen, war ungewöhnlich, doch dass Christian Wermuth und seine Nürnberger Konkurrenz sich das Ereignis nicht entgehen lassen würden, lag auf der Hand. Daneben erschienen indessen noch zwei weitere, jeweils unerwartete Medaillen auf die Sukzession.

Eine davon wurde, wie die Inschrift im Abschnitt auf der Rückseite betont, »zu Ehren der Thronfolge des Königs in Hamburg geprägt« (IN HONOREM SUCCESIONIS / REGIAE / EXCUSUM / HAMBURGI). Die Darstellung auf dem Revers zeigt das springende Lüneburger Ross über einer Landschaft. In einer Wolke erscheint eine Hand, die eine Harfe herunterreicht; darüber die Umschrift: TAELI LAETIOR IMPERIO (etwa: »durch eine solche Herrschaft beflügelt«). Die Harfe ist als Symbol Irlands bzw. als »one of the emblems of Britain« gedeutet worden (Hawkins 1885, 426, 14), doch fehlen andere heraldische Bezüge zum Vereinigten Königreich (Abb. 13).

Unübersehbar ist dagegen, dass die Medaille auf die gängigen braunschweig-lüneburgischen Prägungen der zweiten Hälfte des 17. Jahrhunderts Bezug nimmt. Nach dem Ende des Dreißigjährigen Kriegs hatten die Herzöge von Braunschweig-Lüneburg begonnen, ihre im Harz geprägten Taler mit dem springenden Ross zu kennzeichnen. Durch sprechende Texte wie etwa »numquam retrorsum« (»niemals rückwärts«) oder »nec aspera terrent« (»auch das Schwere schreckt uns nicht«) wurde das heraldische Motiv emblematisch ge-

Abb. 13: Medaille auf Abreise und Krönung. Hamburg, David Gerhard von Hachten zugeschrieben. Abguss, 44 mm. The Trustees of the British Museum, London.

nutzt (Schnath 1961, 59f.). Entsprechend erscheint die Darstellung auf zahlreichen Schautalern. Dort findet sich sogar die Hand in den Wolken, die allerdings jeweils einen Lorbeerkranz hält (Abb. 14).

Während die Rückseite also bewusst an bestehende braunschweig-lüneburgische Bildprägungen anknüpft, ist der Avers ungewöhnlich gestaltet. Zwar wird selbstverständlich auch hier das Portrait Georg Ludwigs (auch hier ohne jede Ähnlichkeit) präsentiert. Doch füllt es nicht wie gewöhnlich die gesamte Fläche. Vielmehr ist es in ein Medaillon gesetzt, das links von Mars, im Harnisch und mit Schild, und rechts von Pallas Athene, mit Speer, gehalten wird. Mars lehnt sich sogar mit dem Unterarm darauf. Damit wird sowohl die Räumlichkeit der Szene verdeutlicht als auch der Bildcharakter des Portraits. Der Medailleur treibt das barocke Spiel mit den verschiedenen Realitätsebenen: Wenn Mars und Athene als himmlische Erscheinungen zu verstehen sind, ist das Portrait, das sie so handfest halten, dann dinglich greifbar oder ebenfalls flüchtiges Scheinbild?

Dazu gesellt sich die Schrift, der breiter Raum gegeben wird. Die Umschrift lautet: CENTUPLICEM TULIT VIRTUTIS ROBORE FRUGEM (»durch die Kraft der Tugend trug er hundertfache Frucht«). Wo Wermuths Medaille betonte, dass sich Georg Ludwigs Herrschaft aus seiner Herkunft legitimierte, erscheint die Thronfolge hier als Tugendleistung. Der Abschnitt, der fast die gesamte untere Hälfte der Medaille einnimmt, proklamiert: GEORG LUDOVIC PRINCEPS ELECT / BRUNSVIC & LUNEBURG / MAGNAE BRITAN REX / RENUNCIAT D 11 SEPTEMB / & CORONAT LONDON / D 31 OCTOBR / 1714. Das Datum des 11. September bezeichnet Georg Ludwigs Abreise aus Hannover.

Der Medailleur ist namentlich nicht bekannt, versuchsweise wurde das Stück David Gerhard von Hachten zugeschrieben, der von 1704 bis 1726 an der Hamburger Münze beschäftigt war (Forrer 2, 1904, 371ff.; Brockmann 1987, Nr. 816). Die Medaille, die mit einem Durchmesser von 44 mm und einem Gewicht von 29 Gramm dem gängigsten Format entspricht, ist nichtsdestotrotz außerordentlich selten. Sehr wahrscheinlich handelt es sich hier nicht um ein für den freien Markt produziertes Stück, sondern vielmehr um eine Auftragsarbeit. Dem ungewöhnlichen Präge-Ort – die Hansestadt Hamburg war einer der Erzrivalen des Kurfürstentums Hannover im Norden – wurde genügend Bedeutung beigemessen, um ihn in der Medaille zu nennen. Über den oder die möglichen Auftraggeber kann in Ermangelung von Quellen lediglich spekuliert werden. In Frage kämen z.B. Mitglieder der britischen Gemeinde in Hamburg oder auch die Kaufleute der noch immer mächtigen »Company of Merchant Adventurers«. Die »Merchant Adventurers« waren eine im 13. Jahrhundert gegründete Kompagnie von Fernkaufleuten. Seit dem späteren 16. Jahrhundert, dauerhaft dann seit 1611, hatten sie festen Sitz in Hamburg; in Großbritannien waren sie darum auch als »The Hamburgh Company« bekannt. Im Jahr 1701 hatten sie Lord Macclesfield – den britischen Gesandten, der den *Act of Settlement* überbracht hatte – auf der Rückreise von Hannover nach Großbritannien festlich empfangen und zum Ehrenmitglied ihrer Gilde gemacht (Schnath 4, 1982, 42). Hannover war ein wichtiger Handelspartner der »Merchant Adventurers« (Schnath 4, 1982, 640), die Personalunion darum von unmittelbarer Bedeutung für sie. Allerdings fehlen eindeutige Hinweise auf die Kompagnie in den Bildmotiven der Medaille.

Abb. 14: Schautaler des Herzogs Christian Ludwig von Braunschweig-Lüneburg von 1654 mit einer Ansicht der Stadt Celle. Silber, ca. 75 mm. Museum August Kestner, Hannover. Foto: Reinhard Gottschalk.

3.5. Seeländers Medaille: groß, aber erfolglos

Abschließend sei noch eine Medaille erwähnt, die nicht nur in der Reihe der auf die hannoversche Sukzession geprägten ein Unikum darstellt. Der aus Erfurt stammende Kupferstecher Nicolaus Seeländer (1690–1744)[13] hatte sich offenbar zum ehrgeizigen Ziel gesetzt, Christian Wermuth nachzuahmen – oder gar auszustechen? Zu diesem Zweck hatte er bereits 1713 dem Herzog Friedrich von Sachsen-Gotha-Altenburg eine Medaille verehrt, nachdem dieser sein exquisites Münzkabinett für die Öffentlichkeit zugänglich gemacht hatte. Höchst detailliert ausgearbeitet und mit einer vielfigurigen Szene auf dem Revers, die eher einem Kupferstich angemessen gewesen wäre, fehlt dieser Medaille der Esprit, der sie dem Herzog oder Sammlern hätte empfehlen können. Mit einem

Abb. 15: Medaille auf die hannoversche Sukzession. Nicolaus Seeländer, Silber, 127 mm. The Trustees of the Britisch Museum, London.

Durchmesser von 116 mm ist sie vor allem enorm groß, was eine Produktion in größerer Stückzahl von vornherein ausschloss. Die Medaille befindet sich noch heute im Gothaer Kabinett, erbrachte Seeländer jedoch keine Aufträge.

Doch davon ließ er sich keineswegs entmutigen. Vielmehr ergriff er die nächste Gelegenheit für einen neuen Versuch. Aus Anlass der hannoverschen Sukzession verfertigte er eine mit nun 127 mm Durchmesser noch größere (damit schwerere und teurere) Medaille.[14] Wie bereits das Gothaer Stück zeigt sie auf dem Avers das Portrait des Herrschers (Abb 15). Die Umschrift – GEORGIUS REX – entspricht nicht den numismatischen Konventionen, die eine volle Nennung seiner Titel erfordert hätten. Stattdessen sind die Buchstaben (jeder einzelne von 1,5 cm Höhe) figurativ gebildet und stellen Herrschertugenden vor, die Seeländer noch zusätzlich in einer äußeren Umschrift benannte. Die Rückseite dürfte in Kenntnis von Hannibals Krönungsmedaille entstanden sein, auch wenn sie das Motiv deutlich abwandelt: Sie zeigt den stehenden König, der aus dem Himmel gekrönt wird, begleitet von den Verkörperungen des Friedens und der Gerechtigkeit. Im Vordergrund sitzt rechts Britannia mit dem Wappenschild des Vereinigten Königreichs, während links ein Putto das Wappen Hannovers hält. Beide Wappen sind zwar aus den bekannten Elementen zusammengesetzt, jedoch heraldisch nicht korrekt. Der Text im Abschnitt lautet GLORIA REIS BRITANNORVX NOVI ANNO VNCTIONIS MDCCXIV (»Ruhm des neuen Königs der Britannier im Jahr der Salbung 1714«), auch er entspricht eher dem prätentiösen Stil der Medaille als numismatischen Konventionen.

Seeländer setzte seinen Ehrgeiz und alle seine Mittel ein, um diese gigantische

Medaille Georg I. in persönlicher Audienz zu überreichen. Dazu versicherte er sich zunächst der Fürsprache von Gottfried Wilhelm Leibniz, der ihm zum einen ermöglichte, sein Stück in der hannoverschen Münze in Silber zu prägen, und ihn zum anderen mit den nötigen Empfehlungsschreiben ausstattete. Doch in London angekommen, wurde Seeländer mit seinem Anliegen von Pontius zu Pilatus und wieder zurück geschickt. Nach vielen Wochen gelangte die Medaille schließlich tatsächlich vor die Augen des Königs, der sie jedoch umgehend zurückschicken ließ mit dem Bescheid, Seeländer »solle hiermit die völlige Erlaubniß haben, solche Stücke zu verfertigen als viel ich wollte und zu verkauffen an wen und wie ich wollte«[15]. Das kam selbstverständlich nicht in Frage, denn der Silberwert der übergroßen Medaille allein betrug, wie Seeländer notierte, bereits 80 Taler. Tatsächlich war er gezwungen, seine Stempel in London zu verkaufen oder zu verschenken, wo sie tatsächlich erhalten blieben: Die meisten der wenigen vorhandenen Exemplare der Medaille wurden erst im 19. Jahrhundert und dann zumeist in Zinn geprägt. 1716 konnte er nur mit Mühe und offenbar weitgehend zu Fuß die Heimreise antreten. Doch immerhin verschaffte ihm sein Gönner Leibniz noch im selben Jahr die Stelle des Bibliotheks-Kupferstechers, die ihm bis zu seinem Lebensende ein sicheres Auskommen erlaubte. Seinen numismatischen Ehrgeiz befriedigte er künftig auf andere Weise. Leibniz hatte ihn als »diligent et laborieux« gepriesen.[16] Mit entsprechendem Fleiß machte sich Seeländer nun daran, mittelalterliche Brakteaten zu fälschen, und sein Geschick verwandte er darauf, sie, höchst erfolgreich, in die meisten wichtigen Sammlungen der Zeit einzuschleusen. Die Mehrzahl der Fälschungen aus dem zweiten Viertel des 18. Jahrhunderts dürften von seiner Hand stammen; entlarvt wurde er erst zu Anfang des 20. Jahrhunderts.

4. Fazit

Kaum ein historisches Ereignis aus den Jahrzehnten vor und nach 1700 (als die Medaillenkunst eine Blütezeit erlebte) zog so viele Prägungen nach sich wie die hannoversche Sukzession. Sowohl die offizielle Propagandamaschine wie auch etliche freie Unternehmer, die für den Sammlermarkt produzierten, nutzten die einmalige Chance. Die bei weitem erfolgreichste der zwölf Prägungen legte der Nürnberger Verleger Caspar Gottlieb Lauffer vor. Nach dem inhaltlichen Entwurf des protestantischen Theologen Joachim Negelein schnitt der Medailleur Georg Wilhelm Vestner die Medaille mit dem »Ross-Sprung«, die bis heute immer wieder als Sinnbild der Sukzession schlechthin verstanden und verwendet wird.

Anmerkungen

1 Zur Biographie, in Auswahl: Hawkins 1885, 743; Forrer 6, 1916, 432–446; ADB 55, 1910, 43–45; Wohlfahrt 1992.
2 Nach dem julianischen Kalender, der in Großbritannien bis 1752 galt; dem 12. August nach dem gregorianischen Kalender, der im Kurfürstentum Hannover wie in den meisten protestantischen Ländern im Jahr 1700 eingeführt worden war.
3 Aus »A farewell to the year 1714«, aus der Feder eines unbekannten Torys, publiziert in: George deForest Lord (Hrsg. der Reihe): Poems on affairs of state. Augustan satirical verse 1660–1714, Bd. 7: 1704–1714 (hrsg. v. Frank H. Ellis), New Haven, London 1975, 613.
4 Zitiert nach Ellis 1975 (wie Anm.3), 617.
5 So der französische Diplomat César de Saussure (allerdings erst am 17. September 1725), zitiert nach Hoppit 2000, 386.
6 Zur Biographie, in Auswahl: Lochner 8, 1744, Vorrede o.P.; Hawkins 1885, 723; Forrer 1, 1904, 472–479; Wollaston 1978, 70–74; Jones 1979, 87f.; Barber 1985, 2–5; Eimer 1989, 20–23; Pickup 1992, 19–31.
7 Vgl. Brockmann 1987, Nr. 796 (Faltz, 1700), Nr. 797 (Lambelet, 1705), Nr. 802 (Hannibal, 1708) und Nr. 805 (Hannibal, 1710); die Medaille von Philipp Heinrich Müller, die Brockmann ebenfalls auflistet (Brockmann 1987, Nr. 803), war kein offizieller hannoverscher Auftrag, sondern entstand für den freien Markt.
8 So der »Postman« vom 4. April 1702, zitiert nach Pickup 1992, 23.
9 Für diese Beobachtung vgl. die Abbildungen Brockmann 1987, Nr. 821, 822, 824, 826 mit Medaillen auf die Niederwerfung des jakobitischen Aufstandes von 1715 und auf den Seesieg bei Sizilien sowie den Frieden von Passarowitz 1718.
10 Es gibt zwei Gedenkmedaillen auf den Tod Georg Wilhelms (Brockmann 1987, Nr. 632 und 633), die andere stammt von Ernst Brabandt, dem Medailleur des Celler Hofs, und dürfte im Auftrag der Celler Landstände entstanden sein.
11 Ein Exemplar befand sich in der Sammlung des Welfenhauses; s. Works of Art from the Royal House of Hanover. Auktionskatalog Sotheby's Schloss Marienburg 2005, Nr. 171, 49.
12 Zur Biographie, in Auswahl: Lochner 4, 1740, Vorrede, o.P.; Forrer 6, 1916, 252–257; Christina Thon: Medaillenentwürfe von Georg und Wilhelm Vestner. Zeitschrift des Vereins für Kunstwissenschaft 36, 1982, 49–77.
13 Zur Biographie, in Auswahl: Hawkins 1885, 426f. und 739 (mit falschen Lebensdaten); Eduard Bodemann: Nikolaus Seeländer. Kurhannoverscher Bibliotheks-Kupferstecher 1716–1744. Zeitschrift des historischen Vereins für Niedersachsen 1890, 169–180; H. Buchenau: Über »Seeländersche« Fälschungen. Blätter für Münzfreunde 1902, 2739–2742; Forrer 5, 1912, 460–462; Brockmann 1987, 147f. und 352; Weiß 2013.
14 Laut einer zeitgenössischen Quelle soll Seeländers Medaille etwa 450 Gramm gewogen haben (Hawkins 1907, CXL, 6); das später entstandene Exemplar im Britischen Museum wiegt tatsächlich 80 Gramm.
15 Nicolaus Seeländer an Gottfried Wilhelm Leibniz vom 13. Februar 1716, zitiert nach Bodemann 1890, 175. Dort auch zum Materialpreis.
16 Leibniz an Andreas Gottlieb von Bernstorff, 20. December 1715 (www.leibniz-edition.de, Reihe I, Transkriptionen 1715, B, Nr. 457, 569, 576f.).

Literatur

Barber, Peter: Commemoration and control: The design and issue of official commemorative medals in England, 1704-1713. The Medal 6, 1985, 2-5.

Bodemann, Eduard (Hrsg.): Aus den Briefen der Herzogin Elisabeth Charlotte von Orléans an die Kurfürstin Sophie von Hannover. 2 Bde., Hannover 1891.

Brockmann, Günther: Die Medaillen der Welfen. Band 2: Lüneburg/Hannover 1987.

Burkart, Roland: Kommunikationswissenschaft. Wien, Köln, Weimar 2002.

Eimer, Christopher: An introduction to commemorative medals. London 1989.

Förster, Nicolaus: Vollständige Beschreibung der Ceremonien, welche sowohl bey den Englischen Crönungen überhaupt vorgehen [...]. Hanover 1728.

Forrer, Leonard: Biographical dictionary of medallists. 8 Bände, London 1904ff.

Hatton, Ragnhild: George I. Elector and King. London 1978 (deutsche Übersetzung von 1982, leider ohne Register).

Hawkins, Edward: Medallic illustrations of the history of Great Britain and Ireland to the death of George II. Hrsg. von Augustus W. Franks und Herbert A. Grueber. 2 Bde., London 1885.

Hawkins, Edward: Medallic illustrations of the history of Great Britain and Ireland: Plates. Hrsg. von The Trustees of the British Museum. 3 Bde., London 1907.

Hoppit, Julian: A land of liberty? England 1689-1727. Oxford 2000.

Jones, Mark: The art of the medal. London 1979.

Jones, Mark: The medal as an instrument of propaganda in late 17th and early 18th-century Europe. The numismatic chronicle 142, 1982, 117-126, und 143, 1983, 202-213.

Lochner, Johann Hieronymus: Sammlung Merkwürdiger Medaillen [...]. 8 Bde., Nürnberg 1737-1744.

Maué, Hermann: Sebastian Dadler 1586-1657. Medaillen im Dreißigjährigen Krieg. Nürnberg 2008.

Millar, Oliver: The Tudor, Stuart and early Georgian Pictures in the collection of Her Majesty the Queen. London 1963.

Pickup, David: John Croker and the Alchorne Manuscript. The Medal 20, 1992, 19-31.

Pickup, David: »While bright coins in silver showers descend«. British coronation medals of the 17th to 19th centuries. The Medal 44, 2004.

Schnath, Georg: Das Sachsenross. Entstehung und Bedeutung des niedersächsischen Landeswappens. 2. Aufl., Hannover 1961.

Schnath, Georg: Geschichte Hannovers im Zeitalter der neunten Kur und der englischen Sukzession 1674-1714. Bd. 4, Hildesheim 1982.

Stuart-Wortley-MacKenzie Wharncliffe, James Archibald (Hrsg.): The letters and works of Lady Mary Wortley Montagu. Bd. 1, London 1837.

Van der Cruysse, Dirk: »Madame sein ist ein ellendes Handwerck«. Liselotte von der Pfalz – eine deutsche Prinzessin am Hof des Sonnenkönigs. München 1990.

Weiß, Ulrike: Das Ross springt auf die Insel. Zur Entstehung, Verbreitung und Wirkung der bekanntesten Medaille auf die hannoversche Sukzession. Niedersächsisches Jahrbuch für Landesgeschichte 83, 2011, 209–261.

Weiß, Ulrike: On n'a pas trouvé sa médaille belle: Nikolaus Seeländer's maverick medal on the Hanoverian succession. Médailles. Magazine of the International Art Medal Federation 32, 2013, 109–118.

Will, Andreas: Nürnbergisches Gelerten-Lexicon; oder, Beschreibung aller Nürnbergischen Gelehrten beyderley Geschlechtes nach Ihrem Leben, Verdiensten und Schriften. Bd. 3, Nürnberg 1757.

Wohlfahrt, Cordula: Christian Wermuth. Ein deutscher Medailleur der Barockzeit. London 1992.

Wollaston, Henry: British official medals for coronations and jubilees. Nottingham 1978.

Die Deutsche Kanzlei – ein Bindeglied zwischen London und Hannover in der Zeit der Personalunion

Dieter Brosius

Als in der Nacht vom 16. auf den 17. August 1714 die Nachricht vom Tod der Königin Anna von Großbritannien in Hannover eintraf und am folgenden Vormittag von einem Kurier offiziell bestätigt wurde, löste dieses seit langem erwartete Ereignis bei Kurfürst Georg Ludwig, dem künftigen König Georg I., und seinen Geheimen Räten keine Überraschung aus.

Seit das britische Parlament sich 1701 im »Act of Settlement« mit der Nachfolge der hannoverschen Welfen auf dem englischen Thron abgefunden hatte, war genug Zeit vergangen, um sich mit dem Gedanken vertraut zu machen, dass der Monarch seinen heimatlichen Kurstaat in Zukunft vom fernen London aus würde regieren müssen. Umso erstaunlicher ist es, dass bisher noch keinerlei Vorkehrungen getroffen, ja nicht einmal Überlegungen angestellt worden waren, wie die große Entfernung zwischen dem künftigen Sitz des Herrschers in London und den Regierungsbehörden des Kurfürstentums in Hannover überbrückt und die sich daraus ergebenden Probleme bewältigt werden könnten. Erst jetzt, nachdem die Thronfolge eingetreten war, begann man sich darüber Gedanken zu machen. In einem vom Kurfürsten einberufenen Kronrat wurde noch am 17. August ein Regierungsreglement beraten und am 29. August 1714 beschlossen, worin die Rechte und Zuständigkeiten des Königs und Kurfürsten auf der einen, des hannoverschen Ministeriums auf der anderen Seite für die Zeit der Abwesenheit des Monarchen festgelegt wurden. Man ging davon aus, dass das Reglement nur von begrenzter Gültigkeitsdauer sein würde, denn Georg I. wollte nicht für immer nach London umziehen, sondern hoffte, nach geraumer Frist nach Hannover zurückkehren und in England eine Regentschaft durch seinen Sohn Georg August einrichten zu können. Dass das britische Parlament das nicht zulassen würde, hätte er allerdings voraussehen können.

Eine Verlegung der hannoverschen Zentralbehörden an den Hof in London ist niemals in Erwägung gezogen worden. Es war deshalb unumgänglich, dass der König und Kurfürst, auch wenn er grundsätzlich am Prinzip der uneingeschränkten monarchischen Souveränität festhielt, doch auf einen Teil seiner gewohnten Vorrechte und Kompetenzen verzichtete. Das erforderte schon die räumliche Distanz zwischen ihm und seinem hannoverschen Ministerium, die eine Verständigung und Abstimmung in Sachfragen erschwerte und den Geheimen

Räten rasche Entscheidungen unmöglich gemacht hätte, wenn zuvor jedes Mal das Einverständnis des Herrschers einzuholen gewesen wäre. Zwischen dem Absenden einer Anfrage und dem Eintreffen einer Antwort vergingen im Normalfall zwei bis drei Wochen, bei besonderer Dringlichkeit und Einsatz eines Eilkuriers im günstigsten Fall zehn bis zwölf Tage. In eilbedürftigen Angelegenheiten, vor allem in Militär- und Justizsachen, mussten deshalb die Geheimen Räte, die in ihrer Gesamtheit das hannoversche Ministerium bildeten, eigenständig entscheiden können, ohne zuvor die Meinung ihres Souveräns zu erkunden oder seinen Willen zu kennen. Aber natürlich musste dieser über alle Beschlüsse umgehend informiert werden, und ohnehin blieb der Großteil der Vorgänge seiner persönlichen Mitwirkung und Entscheidung vorbehalten. Es ist geschätzt worden, dass Georg I. und seine Nachfolger auf dem englischen Thron etwa die Hälfte ihrer auf Regierungsgeschäfte verwendeten Zeit dem hannoverschen Stammland gewidmet haben. Eine ständige Kommunikation zwischen König und Ministerium war deshalb unabdingbar, und dafür bedurfte es in London einer Einrichtung, die dem Herrscher die Berichte, Stellungnahmen und Vorschläge der Geheimen Räte vorlegte, ihn bei seiner Entscheidungsfindung beriet, seine Beschlüsse nach Hannover übermittelte und überhaupt als eine Schaltstelle zwischen den beiden Staatsorganen fungierte. Das Reglement von 1714 enthielt keine Bestimmungen zum Geschäftsverkehr zwischen dem König und den Behörden in Hannover; die Abläufe konnten sich erst in der täglichen Praxis entwickeln.

Georg I. ließ sich bei seiner Übersiedelung in die britische Hauptstadt von zwei der sieben Geheimen Räte begleiten, aus denen das hannoversche Ministerium bestand: dem Premierminister Andreas Gottlieb von Bernstorff und dem Kammerpräsidenten Friedrich Wilhelm von Görtz. Als dritter Berater trat der bisherige hannoversche Gesandte am Londoner Hof, Hans Kaspar von Bothmer, hinzu. Nach Rückkehr der beiden Erstgenannten nach Hannover war dann ab 1720 mit Bothmer nur jeweils einer der Geheimen Räte nach London abgeordnet, und dabei blieb es bis zum Ende der Personalunion. Sieben Männer, sämtlich dem hannoverschen Adel entstammend, hatten bis 1837 nach Bothmer für kürzere oder längere Zeit die Funktion des »Ministers bei der Allerhöchsten Person des Königs« – so die offizielle Bezeichnung – inne, am längsten Johann Friedrich Carl von Alvensleben (1772–1795) mit 23 und Ernst Friedrich Herbert Graf Münster (1805–1831) mit 26 Jahren. In den hannoverschen Staatskalendern kommt die herausgehobene Stellung dieser Spitzenbeamten übrigens gar nicht zum Ausdruck; sie werden dort schlicht unter den Geheimen Räten aufgeführt, mit dem Zusatz »anitzo in London«. Einige von ihnen kehrten nach Ablauf ihrer Abordnung in die hannoverschen Ministerien zurück. Der Londoner Posten war sehr begehrt; dass er ihn entgegen seinen Hoffnungen nicht bekam, war für den späteren preußischen Staatskanzler von Hardenberg ein Anlass, Hannover den Rücken zu kehren.

Zugeordnet war den Londoner Ministern ein bescheidener, im Lauf der Zeit noch weiter verkleinerter Stab von Mitarbeitern, der sich zumindest in den ersten Jahrzehnten fast durchweg aus den wichtigsten hannoverschen Zentralbehörden rekrutierte: der Geheimen Kanzlei, der Kammer und der Kriegskanzlei. Lediglich das Konsistorium und die Justizkanzlei waren darunter nicht vertreten. Bis zum Tod König Georgs II. 1760 waren neben- und nacheinander sieben Geheime Justiz-, Legations- und Kriegskanzleiräte, sieben Geheime Sekretäre, sechs Kanzleisekretäre, 13 Kanzlisten und vier Pedelle und Kanzleidiener nach London abgeordnet, womit alle Ebenen der Verwaltung berücksichtigt waren. Diese Mannschaft, die aus höchstens 12 bis 15 Personen bestand, hatte ein großes Arbeitspensum zu bewältigen. Schon 1714 wird sie als »German Chancery«, 1721 als »Seiner Majestät deutsche Kanzlei« bezeichnet, doch erst 1824 erscheint im hannoverschen Staatshandbuch der amtliche Name »Deutsche Kanzlei«. Treffender hätte es wohl »Hannoversche Kanzlei« heißen müssen, denn die Beziehungen Englands zu anderen deutschen Staaten blieben natürlich dem Londoner Kabinett vorbehalten und liefen nicht über die Deutsche Kanzlei.

Die Kanzlei war weder dem hannoverschen Ministerium unterstellt, noch war sie ihm als eine Art oberste Zentralbehörde vorgesetzt. Ihr Leiter blieb Mitglied des Geheimen Ratskollegiums, behielt sogar sein bisheriges Departement, in dem er sich allerdings zumeist vertreten lassen musste; er war seinen Kollegen rangmäßig gleichgestellt und konnte ihnen keine Weisungen erteilen. Durch seine Nähe zum König, dessen erster Ratgeber in hannoverschen Angelegenheiten er war, und durch seinen Informationsvorsprung übertraf er sie dennoch an Gestaltungsmöglichkeiten und an Einfluss auf die Politik – in welchem Maß, das hing natürlich von den jeweiligen Zeitumständen ebenso ab wie vom Gewicht der Persönlichkeiten, die das Amt bekleideten.

Die Aufgabe der Deutschen Kanzlei, die ihre Amtsräume in zwei kleinen Zimmern im Palast von St. James hatte, bestand im Kern darin, die dem König zur Entscheidung vorbehaltenen hannoverschen Angelegenheiten zu bearbeiten. Das Verfahren hatte den folgenden Ablauf: Außer den Handbriefen wurden sämtliche eingehenden Schriftstücke, die von den Geheimen Räten oder Ministern an »des Königs Majestät in London« gerichtet wurden, und zwar sowohl die innere wie die äußere Politik betreffend, von dem in London amtierenden Minister, der in dieser Hinsicht die Funktion eines Kabinettssekretärs übernahm, geöffnet und ihr Inhalt dem König mündlich vorgetragen. Mit dessen erster Stellungnahme versehen gingen sie dann an die Kanzlei, wo einer der aus Hannover abgeordneten Geheimen Kanzleiräte oder Geheimen Sekretäre nach Instruktion durch den Minister und entsprechend der Weisung des Königs einen Entwurf zu einem Bescheid (in der Fachsprache: einem Reskript) anfertigte. Diesen erhielt noch einmal der Minister zur Prüfung und Billigung, ehe ein Kanzlist die Reinschrift erstellte. Konzept und Reinschrift legte der Minister dann dem König zur Unterschrift vor, beglaubigte sie durch seine Gegenzeichnung, und die Kanzlei besorgte den Versand an die Zentralbehörden in Hannover oder sonstige Empfänger. Es kam durchaus vor, dass der Monarch noch im letzten Stadium sein Einverständnis zurückzog und die Schlusszeichnung verweigerte. Dann wurde auf der Grundlage seiner schriftlich fixierten Bedenken ein neuer Entwurf gefertigt und nach Billigung durch den König expediert. Die Geschäftstätigkeit der Deutschen Kanzlei war also die einer Durchgangsbehörde, die den gesamten Schriftverkehr zwischen dem König und den hannoverschen Behörden vermittelte. Die zentrale Funktion hatte dabei ihr Leiter inne. Bei ihm liefen praktisch alle Informationen aus Politik und Verwaltung des Kurfürstentums Hannover zusammen, und da zu seinen Aufgaben auch die Prüfung der regelmäßig eingesandten Kassenauszüge gehörte, die über die finanzielle Situation des Staates, über Einnahmen und Ausgaben Auskunft gaben, wurde er faktisch zu einer Kontrollinstanz auch über seine Ministerkollegen in Hannover. Wenn er den Ehrgeiz hatte und das Vertrauen des Königs besaß, konnte er leicht seine Position nutzen, um dessen Entscheidungen und damit letztlich die hannoversche Politik zu beeinflussen. Nicht jeder der insgesamt zehn Amtsinhaber hat allerdings diese Chance so resolut ergriffen wie Ernst Herbert Graf Münster, der von 1805 bis 1831 der Politik des Kurfürstentums, seit 1814 des Königreichs Hannover die Richtung vorgab. Mit seiner großen Begabung, die er in der Umbruchzeit des frühen 19. Jahrhunderts voll entfalten konnte, überragte er alle seine Vorgänger. Er war engster Ratgeber der Könige Georg III. und Georg IV. und agierte zwar in ihrem Auftrag, aber doch in großer Eigenständigkeit wie eine Art Oberminister; nichts geschah in seiner Amtszeit in der hannoverschen Politik ohne ihn oder gar gegen ihn. Natürlich konnten die Könige unter Umgehung der Deutschen Kanzlei auch direkt mit den hannoverschen Ministern korrespondieren, ihnen Weisungen erteilen oder sie nach London kommen lassen; sie taten das aber äußerst selten.

Nicht erst Münster, zum Teil auch schon seine Vorgänger zogen durch ihren Einfluss und ihre Machtfülle den Neid und die Eifersucht der anderen Geheimen Räte und besonders der Premierminister auf sich, die befürchteten, dass sich am Hof des Königs in Konkurrenz zu ihnen eine Nebenregierung entwickeln könnte. Sie versuchten vergeblich, durch Entsendung eines zweiten Ministers aus ihrer Mitte nach London die Sonderstellung des einen, der allzu mächtig zu werden drohte, zu neutralisieren; die Könige Georg II. und Georg III. ließen sich darauf aber nicht ein. Ebenso suchten die Premierminister darauf hinzuwirken, dass solche ihrer Kollegen nach London abgeordnet wurden, die nicht im Verdacht standen, durch zu großen Ehrgeiz ihrer eigenen Stellung gefährlich werden zu können; damit hatten sie aber nur teilweise Erfolg. Gerlach Adolf von Münchhausen gelang es 1749, seinen eigenen Bruder Philipp Adolf auf die Londoner Position zu befördern und so die besten Voraussetzungen für eine gedeihliche Zusammenarbeit zu schaffen. In der Regel gab es auch wenig Anlass zu Reibereien. Doch gelegentlich versuchte man sich in Hannover durchaus schon einmal an einer Art passivem Widerstand gegenüber den aus der Deutschen Kanzlei erhaltenen Anweisungen, wenn sie nicht den eigenen Vorstellungen entsprachen: Man verzögerte oder verschleppte ihre Ausführung, gemäß dem Ausspruch des Geheimen Kabinettsrats August Wilhelm

Rehberg (1757–1836): Befehle, die über das Meer gehen, verlieren ihre Kraft. In der Ära des Grafen Münster musste öfter mit Mahnungen nachgeholfen werden, und es erging die Anweisung, vierteljährlich ein Verzeichnis der noch unerledigten Sachen nach London einzusenden. Auf den guten Willen des hannoverschen Ministeriums zur Zusammenarbeit war die Deutsche Kanzlei allerdings angewiesen, denn schon wegen ihres geringen Personalbestands war sie gar nicht in der Lage, selbst größere Gesetzesvorhaben in Gang zu bringen und durchzuführen; die Hauptarbeit musste in jedem Fall von den Fachreferenten in Hannover geleistet werden.

Die Deutsche Kanzlei war in keiner Hinsicht, weder formal noch bei ihrer Aufgabenerledigung, in die Behördenstruktur des gastgebenden Landes eingebunden. Für die englische Regierung galt der hannoversche Minister in London nicht als Teil der Staats- und Hofbehörden, sondern als ein persönlicher Bediensteter des Königs. Er besaß den Status eines auswärtigen Gesandten und wurde zum diplomatischen Corps gerechnet; eine eigene Gesandtschaft unterhielt Kurhannover in Großbritannien während der Zeit der Personalunion nicht. Die Personal- und Sachkosten der Deutschen Kanzlei wurden zwar aus der Privatschatulle des Königs und damit aus englischen Mitteln bezahlt, wöchentlich zwischen 100 und 120 Pfund, und auch die Post wurde im Inland gebührenfrei befördert. Aber darüber hinaus wurde jede personelle oder institutionelle Verflechtung mit englischen Regierungs- und Verwaltungsstellen tunlichst vermieden. Andreas Gottlieb von Bernstorff hatte in Überschätzung seiner Möglichkeiten versucht, auf die englische Politik Einfluss zu nehmen. Damit wurde er für das Londoner Kabinett zur unerwünschten Person; Georg I. musste sich von ihm trennen, und er kehrte 1720 nach Hannover zurück. Seine Nachfolger lernten daraus und hüteten sich davor, auch nur den Anschein einer Einmischung zu erwecken. Und umgekehrt betrachtete das Londoner Kabinett die hannoverschen Regierungssachen als »private« Angelegenheiten des Königs, in die es sich weder einmischen noch hineingezogen werden wollte. Eine Zusammenarbeit in Fragen, die für beide Seiten von Interesse waren, schloss das aber natürlich nicht aus; in Krisenzeiten wie dem Siebenjährigen Krieg oder der Ära Napoleons war sie ohnehin unumgänglich.

Als Herzog Adolph Friedrich von Cambridge 1816 zum Generalgouverneur, später zum Vizekönig in Hannover ernannt wurde und den Vorsitz im hannoverschen Kabinett übernahm, drohte der Deutschen Kanzlei ein Bedeutungsverlust. Doch Graf Münster verhinderte, dass daraus eine echte Konkurrenzsituation entstand. Er sorgte dafür, dass die Kompetenzen des Herzogs eng begrenzt blieben, und behielt die Fäden der Politik des welfischen Königreichs selbst in der Hand. Sein Sturz im Jahr 1831 läutete für die Londoner Behörde dann die letzte Phase ihres Daseins ein. Münsters Nachfolger Ludwig Conrad Georg von Ompteda ließ alle politische Gestaltungskraft vermissen; die von ihm mitverantworteten königlichen Reskripte lesen sich meist nur wie ein Echo auf die Berichte aus Hannover. 1833 führte das hannoversche Staatsgrundgesetz erstmals die Ministerverantwortlichkeit ein. Daraus ergab sich, dass der Leiter der Deutschen Kanzlei nun nur noch die vom König an das Ministerium als Ganzes oder an den Vizekönig gerichteten Reskripte allein gegenzuzeichnen hatte, bei allen übrigen aber die jeweiligen hannoverschen Fachminister mitzeichnen mussten, was deren Gestaltungs- und Wirkungsmöglichkeiten auf Kosten des Londoner Ministers deutlich stärkte.

Mit dem Ende der Personalunion beim Tod König Wilhelms IV. erlosch 1837 auch der Daseinszweck der Deutschen Kanzlei, da sein Bruder Ernst August das ihm zugefallene welfische Königreich natürlich von Hannover aus regierte. Ihr Personal kehrte zurück und wurde wieder in die zentralen Behörden des hannoverschen Staates eingegliedert. In den 123 Jahren ihres Bestehens hatte die rege Geschäftstätigkeit der Deutschen Kanzlei einen umfangreichen Aktennachlass entstehen lassen, der 1838 nach Hannover überführt wurde. Um die Unterbringung bewältigen zu können, wurden die als weniger wichtig eingeschätzten Unterlagen kassiert und der Bestand dadurch um mehr als die Hälfte, von 83 auf 38 Aktenschränke, reduziert. Zunächst wurden die Akten auf die zuständigen Ministerien verteilt, ab 1852 aber größtenteils an das Königliche Archiv, das spätere Hauptstaatsarchiv Hannover, abgegeben. Kleinere Teile, die Ostfriesland und das Stift Osnabrück betreffen, gingen an die Staatsarchive in Aurich und Osnabrück. Der hannoversche Hauptbestand umfasst immer noch 320 Fach Akten, das sind etwa 110 Regalmeter. Angesichts der Tatsache, dass 1943 der größte Teil der Aktenüberlieferung der Geheimen Räte und der Ministerien dem Bombenkrieg zum Opfer gefallen ist, stellt der Bestand »Hann. 92 – Deutsche Kanzlei« heute die wichtigste Quelle zur Geschichte nicht nur der Behörde selbst, sondern auch der gesamten hannoverschen Politik im 18. und im ersten Drittel des 19. Jahrhunderts dar.

Literatur

Brosius, Dieter: Die Personalunion Hannover-England. Politische Institutionen und Prozeduren aus hannoverscher Sicht. In: Rex Rexhäuser (Hrsg.): Die Personalunionen von Sachsen-Polen 1697–1763 und Hannover-England 1714–1837. Ein Vergleich. Wiesbaden 2005, 299–309.

Grieser, Rudolf: Die Deutsche Kanzlei in London, ihre Entstehung und ihre Anfänge. Eine behördengeschichtliche Studie. Blätter für deutsche Landesgeschichte 89, 1952, 153–168.

Königs, Philip: Die Dynastie aus Hannover. Die hannoverschen Könige von England und ihre Heimat. Hannover 1998.

Meier, Ernst von: Hannoversche Verfassungs- und Verwaltungsgeschichte 1680–1866, Bd. 1. Leipzig 1898.

Richter-Uhlig, Uta: Hof und Politik unter den Bedingungen der Personalunion zwischen Hannover und England. Hannover 1992.

Riotte, Torsten: George III and Hanover. In: Brendan Simms und Torsten Riotte (Hrsg.): The Hanoverian Dimension in British History 1714–1837. Cambridge 2007, 58–85.

Schnath, Georg: Die Personalunion. Lüneburger Blätter 19/20, 1968/69, 5–18.

Hinter den Kulissen der Faucitt-Mission: Das hannoversche Engagement im Amerikanischen Unabhängigkeitskrieg

Solveig Grebe

Entgegen der insbesondere in der deutschen Historiographie noch immer verbreiteten Annahme, dass Hannover im Amerikanischen Unabhängigkeitskrieg lediglich indirekt als Truppenlieferant für Gibraltar und Menorca fungierte, wird in diesem Beitrag, basierend auf bislang weitestgehend ungenutztem Quellenmaterial, gezeigt, dass die hannoversche Involvierung weit darüber hinausging.

1. Einleitung

»*I am puzzled for fear of a stop in the March of the Regiment from Hanau, w[hi]ch I am ordered to carry thro' this Country and embark at Willemstadt for America. This Regiment of the Hereditary Prince of Hesse [...] must pass by and thro' His Prussian Majesty's Territories and if unfortunately no orders have been sent you to ask the free passage, they may be stopt for want of leave, w[hi]ch would be terrible; [...]. You know how awkward we Islanders are in these Matters of Continental forms, perhaps the Regency of Hanover may have applied, but at all events I can't neglect to call upon you to prevent if possible delays which would really be highly prejudicial to the National Service at this Moment*« (BL, MS Add. 35434, f. 47).

Als der britische Gesandte in Den Haag, Sir Joseph Yorke, Anfang März 1776 diese Zeilen an seinen Kollegen Sir James Harris in Berlin schrieb, liefen im Reich die Anwerbung und Rekrutierung von Soldaten zur Unterstützung der britischen Truppen in Nordamerika auf Hochtouren. Für dieses Unterfangen war aus London Colonel William Faucitt[1] als Sonderbeauftragter auf den Kontinent entsandt worden, um als Bevollmächtigter der Krone mit verschiedenen deutschen Prinzen Subsidienverträge auszuhandeln. Ebenso oblag ihm die Organisation und Durchführung der Transporte der angeheuerten Regimenter zu den üblichen Einschiffungshäfen. Das Kurfürstentum Hannover hingegen war am Amerikanischen Krieg, zumindest laut gängiger Forschungsmeinung (z.B. Königs 1998, v.d. Heuvel und v. Boetticher 1998), wenig bis überhaupt nicht beteiligt. Anders als noch im Siebenjährigen Krieg kamen keine kurfürstlichen Soldaten im direkten Kriegsgeschehen zum Einsatz. Lediglich fünf hannoversche Regimenter wurden insgesamt nach Gibraltar und Menorca verbracht, um die dort stationierten britischen Truppen abzulösen, die dann ihrerseits nach Amerika abgezogen wurden.

Der Auszug aus dem Brief Joseph Yorkes weist jedoch darauf hin, dass die hannoversche Involvierung in die britischen Angelegenheiten rund um den Amerikanischen Krieg deutlich komplexer war und keineswegs mit der Entsendung der Regimenter in Richtung Mittelmeer endete. Die von ihm recht beiläufig geäußerte Hoffnung, die hannoverschen Geheimen Räte hätten Berlin möglicherweise bereits um Passiererlaubnis gebeten, ist daher im Zusammenhang der Frage nach der Rolle Hannovers im amerikanischen Konflikt mit besonderer Aufmerksamkeit zu lesen. Denn hätte London das Kurfürstentum tatsächlich in seiner Eigenständigkeit respektiert (v. d. Heuvel und v. Boetticher 1998), so ließe sich schwerlich begründen, warum das Ministerium in Hannover in Berlin um ein Durchmarschgesuch für in britischem Sold stehende Regimenter ersuchen sollte. Darüber hinaus geht auch aus den Unterlagen der Gesandtschaft William Faucitts hervor, dass er mit den Geheimen Räten und hannoverschen Offizieren in Kontakt stand. Am aussagekräftigsten ist diesbezüglich jedoch das sich im Hauptstaatsarchiv Hannover im Bestand »Kriegskanzlei« unter der Signatur *Hann. 41 V* befindliche Material, das trotz seines Umfanges und Quellenwerts bislang kaum Beachtung gefunden hat. Dies ist wohl der entscheidende Grund dafür, dass sich der Eindruck der weitestgehenden Nichtbeteiligung Hannovers am Unabhängigkeitskrieg paradoxerweise vor allem in der deutschsprachigen Historiographie lange halten konnte.

Dieser Beitrag versteht sich daher als ein Schritt zur Korrektur dieses Bildes. Nach einer kurzen thematischen Einführung soll demnach anhand des hannoverschen und britischen Quellenmaterials hinter die Kulissen der offiziellen Missionsnarrativen Faucitts geblickt werden, um auf diese Weise zeigen zu können, dass das Engagement Hannovers keineswegs mit der Entsendung der für Gibraltar und Menorca bestimmten Regimenter endete. Im darauf folgenden Kapitel rücken die britischen und hannoverschen Reaktionen auf die hannoversche Einbindung in die Faucitt-Mission in den Fokus der Betrachtung, die ihrerseits wiederum Aussagen über die britische Hannover-Perzeption zu geben vermögen. Ein zusammenführendes Fazit wird schließlich die vorliegenden Ausführungen beenden.

2. Die Rekrutierungen für den Amerikanischen Krieg: Das Reich als Truppenlieferant

Die Praxis des Anwerbens fremder Söldner lässt sich in der Geschichte der europäischen Kriegführung bis in die Antike zurückverfolgen und war auch noch im späteren 18. Jahrhundert eine vollkommen legitime und gängige Methode zur Aufstockung der eigenen Truppen. Erst der alles überstrahlende Patria-Gedanke ließ diese Söldnerheere im 19. Jahrhundert endgültig unrühmlich werden. So war sich beispielsweise die historische Forschung des späten 19. und frühen 20. Jahrhunderts darin einig, dass Söldnerheere den für ihr Vaterland kämpfenden Truppen zwangsläufig unterliegen müssten (z.B. Schlieffen 1925). Auch im Fall der Vereinigten Staaten von Amerika sollte der Gegensatz zwischen den fremden, in britischem Sold stehenden Regimentern und den heroischen amerikanischen Patrioten zu einer prominenten Nationalnarrative werden.

Im englischen und schließlich britischen militärischen System hatte sich das Hinzuziehen fremder Hilfstruppen insbesondere ab 1688 etabliert und konnte daher im späten 18. Jahrhundert auf eine bereits längere Tradition zurückblicken. Das Heilige Römische Reich, allen voran die hessischen Landgrafen, hatten dabei von Beginn an eine zentrale Rolle gespielt (Taylor 1995, Atwood 1980). So stand auch im Amerikanischen Unabhängigkeitskrieg eine substanzielle Anzahl deutscher Rekruten in britischem Sold, auch wenn insgesamt die Beteiligung britischer und irischer Soldaten die der auf dem europäischen Kontinent angeheuerten Truppen bei weitem übertraf (Conway 2000).

Im August 1775 beauftragte George III. den britischen Colonel William Faucitt damit, sich der Rekrutierungen deutscher Auxiliartruppen anzunehmen. Faucitt fand sich daraufhin Ende des Monats in Hannover ein, um im Namen des Königs mit insgesamt sechs deutschen Fürsten Subsidienverträge auszuhandeln. Der erste Vertrag wurde am 9. Januar 1776 mit Herzog Karl von Braunschweig geschlossen, der dem britischen Monarchen insgesamt 4300 Mann überließ. Nach Abschluss des Vertrages reiste Faucitt sogleich weiter nach Kassel, um mit dem Landgrafen von Hessen-Kassel in Verhandlung zu treten. Am 31. Januar 1776 wurde die Übereinkunft getroffen, insgesamt 12.104 hessische Soldaten in britischen Dienst zu nehmen. Bereits wenige Tage später, am 5. Februar, war der nächste Vertrag ausgehandelt, nach dessen Bestimmungen Graf Wilhelm von Hessen-Hanau Großbritannien mit 788 Mann ausstatten würde. Zwischen April 1776 und Oktober 1777 verpflichteten sich auch die Fürsten von Hessen-Waldeck, Anhalt-Zerbst und Ansbach-Bayreuth, George III. mit Rekruten auszuhelfen. Als Resultat dieser sechs Verträge wurden Großbritannien in den Jahren 1776 und 1777 insgesamt 20.321 deutsche Soldaten zum Einsatz in den nordamerikanischen Kolonien überlassen. Bis zum Ende des Krieges sollte diese Zahl bis auf 28.807 anwachsen (Wilhelmy 2009; NA SP 81/182–183).

William Faucitts Mission war mit Abschluss der jeweiligen Subsidienverträge jedoch keineswegs beendet. Vielmehr war er ebenfalls damit betraut worden, die möglichst rasche Beförderung der ausgehobenen Auxiliartruppen nach Nordamerika sicherzustellen. Da mit Ausnahme der Braunschweiger alle Soldaten im Süden des Reiches rekrutiert wurden, war von ihnen ein nicht unerheblicher Weg zurückzulegen, denn die vorgesehenen Einschiffungshäfen Stade und Bremerlehe befanden sich an den Ufern der Elb- respektive der Wesermündung.

Als Erste begaben sich die Braunschweiger am 22. Februar auf ihren zwölftägigen Marsch in Richtung Norden, der sie vom Amt Fallersleben über Dannenbüttel und Knesebeck, vorbei an Uelzen, Lüneburg und Winsen/Luhe schließlich nach Buxtehude und Stade – also ausschließlich durch die Territorien des Kurfürstentums Hannover – führte. Die hessischen Truppen folgten einige Tage später. Naturgemäß durchquerten auch sie auf ihrem Marsch nach Bremerlehe fast ausnahmslos hannoversches Gebiet, ebenso wie die Rekruten aus Waldeck, Anhalt-Zerbst und Ansbach-Bayreuth. Lediglich die Söldner aus Hessen-Hanau wurden im holländischen Willemstad nach Amerika embarkiert, wohin sie hauptsächlich auf dem Wasserweg rheinabwärts gelangten. Dies war bereits im geschlossenen Vertrag festgehalten worden, denn der Graf Wilhelm von Hessen-Hanau unterhielt zu seinem Vater, dem Landgrafen Friedrich von Hessen-Kassel, nicht das beste Verhältnis und hatte daher erbeten, seine Großbritannien zur Verfügung gestellten Truppen möglichst nicht durch das väterliche Territorium führen zu müssen. Neben dem holländischen Willemstad existierte als weiterer Ausweichhafen das unter Hamburger Herrschaft stehende Ritzebüttel, das bereits im Siebenjährigen Krieg für die Einschiffung hannoverscher Truppen nach England genutzt wurde. Gegenüber Stade und Bremerlehe besaß dieser im heutigen Cuxhaven und direkt an der Elbmündung gelegene Hafen den großen Vorteil, dass dort der winterliche Eisgang, anders als auf Weser und Niederelbe, Einschiffungen nicht behinderte (Abb. 1).

Die ersten deutschen Truppenverbände, die sich im Zusammenhang des Krieges mit den nordamerikanischen Kolonien für britische Zwecke eingesetzt fanden, waren die fünf hannoverschen Regimenter, die am 5. und 6. Oktober 1775 nach Menorca und Gibraltar eingeschifft wurden, um die dort regulär stationierten britischen Einheiten abzulösen (NA, SP 81/181). Anders als noch im vorangegangenen Krieg sollte Hannover also keine Präsenz im direkten Kriegsgeschehen zeigen, sondern war lediglich indirekt beteiligt. Ob die Begründung dafür aber tatsächlich in der vermeintlichen britischen Anerkennung hannoverscher Eigenständigkeit zu finden ist, so wie es in Hannover-zentrierten Arbeiten gelegentlich geäußert wird (v.d. Heuvel und v. Boetticher 1998), ist jedoch höchst fraglich, und es gilt, dies in den folgenden Kapiteln auf den Prüfstand zu stellen.

3. Hannoversche Intelligenz als unsichtbare britische Ressource

In dem bereits erwähnten Bestand »Kriegskanzlei« des Hauptstaatsarchivs Hannover sind unter der Signatur *Hann. 41 V* insgesamt 38 Akten zu finden, die dem Themenkomplex Rekrutierung, Durchmärsche und Rückmärsche der zwischen 1775 und 1784 in britischem Sold stehenden deutschen Truppen zuzuordnen sind. 15 Akten führen dabei den britischen Hauptverantwortlichen dieser Spezialmission, Colonel William Faucitt, bereits direkt im Titel.

Faucitts Mission im Reich sollte rund acht Jahre dauern und begann im August 1775 zunächst einmal mit den Verhandlun-

Die Faucitt-Mission: Das hannoversche Engagement im Amerikanischen Unabhängigkeitskrieg

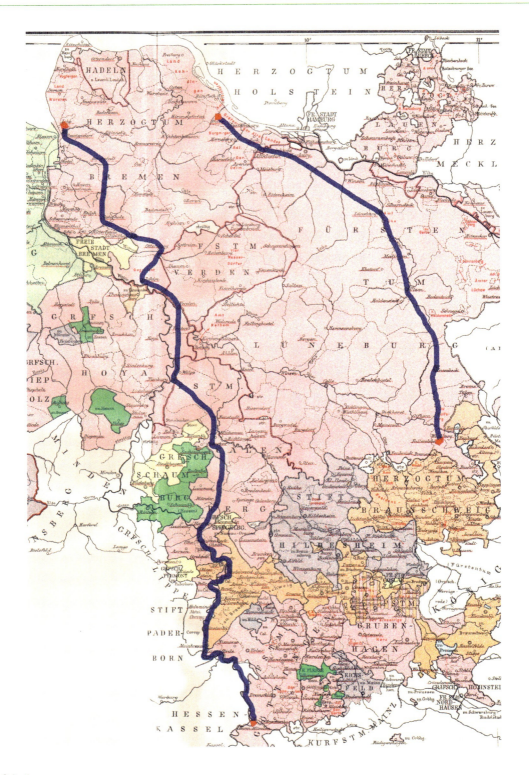

gen um die Entsendung der hannoverschen Regimenter in Richtung Mittelmeer. Wie im vorangegangenen Kapitel dargestellt, nahm er direkt im Anschluss die Verhandlungen mit den Fürsten von Braunschweig, Hessen-Kassel, Hessen-Hanau, Hessen-Waldeck, Anhalt-Zerbst und Ansbach-Bayreuth auf. Zwischen 1776 und 1783 war er demnach vornehmlich damit beschäftigt, die Transporte und Rücktransporte zu beaufsichtigen.

Sein militärischer Werdegang, der ihn ab den 1750er Jahren immer wieder ins Reich geführt hatte, ebenso wie seine exzellenten Deutsch- und Französischkenntnisse hatten ihn für das Amt des königlichen Bevollmächtigten zur Aushandlung der Subsidienverträge qualifiziert. Doch ungeachtet der Tatsache, dass er in seiner Funktion als britischer Sondergesandter in David B. Horns Liste der britischen Diplomaten des 18. Jahrhunderts aufgeführt ist, war er in erster Linie Soldat und kein Diplomat. Dies verraten auch seine Depeschen an Lord Suffolk, die sich in ihrem nüchternen und präzisen Stil deutlich von denen seiner Kollegen im diplomatischen Dienst unterschieden.

Während seiner Zeit im Reich war Hannover Faucitts erste Anlaufstelle. Dort residierte er und bereitete seine Verhandlungen und Reisen zu den jeweiligen Fürsten vor, mit denen er Verträge auszuhandeln hatte. Ebenso lief seine gesamte Korrespondenz über Hannover. Seine eigenen Briefe gingen mit der regulären hannoverschen Post nach London – in Eilfällen auch per Estafette –, und hielt er sich in Hannover auf, so empfing er dort die an ihn gerichteten Schreiben aus St. James's: *»Let me entreat you to indulge me with one word of intelligence, by the return of the Post if possible, directed as usual, to Hanover«* (NA, SP 81/182). Weilte er an einem anderen Hof, wurde seine nach Hannover adressierte Post an seinen jeweiligen Aufenthaltsort im Reich weitergeleitet: *»I shall set off this Evening for Cassel, to put things there, in as much forwardness as possible, till I have the honor of your Lordship's further commands, which will be dispatched to me at that place from Hanover, the instant they arrive there«* (NA, SP 81/182).

Faucitt profitierte jedoch nicht nur von der Infrastruktur kurfürstlicher Kommunikation, sondern erfuhr auch vor Ort substanzielle Hilfestellung von seinen Hannoveraner Kollegen. Sowohl seiner eigenen als auch der Korrespondenz der Geheimen Räte ist zu entnehmen, dass er in ständigem Austausch insbesondere mit Kammerpräsident Albrecht Friedrich von Lenthe stand und auch zur hannoverschen Generalität enge Kontakte unterhielt. Die Generäle von Spörcken, von Hardenberg und von Freytag gehörten ebenso zu seinen regelmäßigen Korrespondenzpartnern wie der Generalquartiermeister von Erstorff. In ihren persönlichen Gesprächen und Briefen ging es dabei vornehmlich um die Organisation der Transporte der in britischen

Abb. 1: Das Territorium des Kurfürstentums Hannover im Jahre 1780 mit den ungefähren Marschrouten der braunschweigischen und hessen-kasselschen Truppen im März 1776 sowie den Häfen. Verändert aus: Georg Schnath (Hrsg.): Geschichtlicher Handatlas Niedersachsen. Berlin 1939, 42–43.

Sold aufzunehmenden und aufgenommenen Auxiliartruppen zu den Einschiffungshäfen. Denn während Faucitt gemäß seiner Vollmachten und Instruktionen sich damit befasste, so rasch wie möglich die geforderten Subsidienverträge abzuschließen, kümmerten sich die Geheimen Räte um die Erledigung der übrigen Aufgaben: Zum Beispiel beauftragten sie von Erstorff, für die braunschweigischen und hessischen Regimenter Marschrouten zu den jeweiligen Häfen auszuarbeiten, und leiteten diese »March-Dispositionen« ihrerseits an Faucitt zur Approbation weiter. Die in Tabellenform angelegten Marschpläne waren die Grundlage aller weiteren Planungen und erhielten detaillierte Angaben, wie zum Beispiel »Orth des Ausmarsches«, die »Route worauf zu nehmen«, »Wieweit zu marschieren; Meilen in Stunden gerechnet«, »Wieviel Feuerstellen die zu bequartierenden Oerter haben«, »Entfernung vom Orte des Embarquements« oder auch zum »Ort des Brod-Empfangs« samt »Entfernung der Beckerei nach Stundenzahl« (Hann. 41 V, Nr. 26; Abb. 2).

Aus der Deutschen Kanzlei zur Eile aufgerufen – »Die zum March [sic] und Embarquement [...] bestimmte Zeit ist so nahe vor der Thür, daß kein Augenblick zu versäumen seyn wird, um die deshalb erforderlichen Anstalten vorzukehren« (Hann. 41 V Nr. 32) – und von Faucitt mit den ausgehandelten Marschdaten ausgestattet, nahmen die Geheimen Räte die Korrespondenz mit ihren Kollegen in Stade ebenso wie mit der Regierung in Harburg auf, um die Einschiffungen vorzubereiten (z. B. Hann. 41 V, Nr. 10). Darüber hinaus erhielten auch verschiedene hannoversche Amtmänner Instruktionen, um den möglichst reibungslosen Ablauf der Durchmärsche vor Ort gewährleisten zu können. Die Amtmänner sollten sich zu diesem Zwecke für die Dauer des Durchmarsches bei den jeweiligen Kommandanten der Divisionen einfinden, um auf diese Weise vornehmlich dafür zu sorgen, dass »die Verpflegung der Truppen und Soulagirung der Unterthanen bestmöglichst erreicht werde« (Hann. 41 V, Nr. 32). Vor allem letztgenannter Aspekt wurde von den Geheimen Räten besonders betont, und die Amtmänner wurden explizit dazu angehalten, dem jeweils kommandierenden Offizier der fremden Regimenter »bey seiner Ankunft [zu] eröffnen [sic], daß man von seiner guten Gesinnung sich im Voraus versichert halte, er werde die unter seinem Kommando stehenden Truppen, die beste Manneszucht halten laßen, und überall verhüten, daß denen durch Miswachs, Überströmung und die leider grassirende Viehseuche schon sehr gebeugten Unterthanen, kein Leid zugefüget, und alle Excesse, wie man es von solchen wohldisciplinirten Truppen erwarten kann, sorgfältigst vermieden werden« (Hann. 41 V, Nr. 32).

Neben der reinen Ablauforganisation der Märsche zu den Einschiffungshäfen taucht der Themenkomplex Desertion in der Korrespondenz der Geheimen Räte ebenfalls sehr vordergründig auf. Desertionen waren insbesondere in den Söldnerarmeen des 18. Jahrhunderts beileibe keine Seltenheit. Zwar stand auf dieses Vergehen grundsätzlich die Todesstrafe, jedoch wurde in der Praxis nach Rückführung der Deserteure zu ihren jeweiligen Regimentern meist nur eine Körperstrafe verhängt (Kroll 2006).

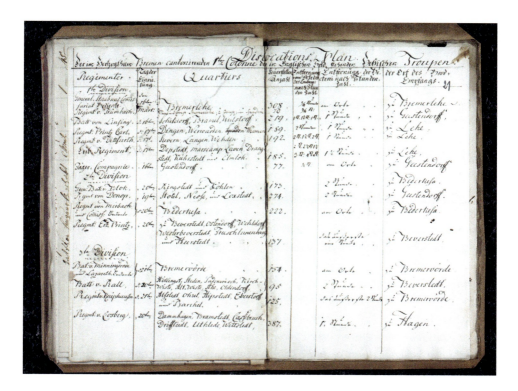

Abb. 2: »Dislocations-Plan der im Herzogthum Bremen cantonirenden 1ten Colonne der im Englischen Sold stehenden Hessischen Troupen« (1776, NLA Hannover Hann. 41 V Nr. 26 fol. 20v–21r.).

Da die britische Krone keinerlei Interesse hegte, die Zahl der rekrutierten Soldaten durch Deserteure oder durch deren Hinrichtungen dezimiert zu sehen, wies George III. seine hannoverschen Minister an, *»daß bei dem Durchmarche der Heßischen und Braunschweigischen Truppen die Desertiones möglichst verhütet, oder wenn dergleichen verfallen, die ausgetretenen, so viel thümlich wieder zurück geliefert werden mögen«* (Hann. 41 V, Nr. 32).

Gemäß dieser königlichen Instruktionen ließen die Geheimen Räte ihrerseits im Januar 1776 eine *»Verordnung wegen Anhaltung der auf dem bevorstehenden Durchmarsche Fürstlich-Braunschweigischer und Fürstlich-Hessischer Truppen etwan desertiertenden Leute«* drucken und an die betroffenen Ämter innerhalb des Kurfürstentums verbreiten. Darin heißt es unter anderem: *»Nachdem des regierenden Herrn Herzogs von Braunschweig Durchlaucht und des regierenden Herrn Landgrafens von Heßen-Caßel Durchlaucht, jede besonders an Anzahl Ihrer auf den Beinen habenden Kriegs-Völker, in Dienste und Sold der Crone Engelland überlaßen haben, welche dann, um im Bremischen eingeschiffet zu werden, durch einen Theil Seiner Königlichen Majestät Unseres allergnädigsten Herrn Teutscher Lande werden geführt werden müssen; und aber sich zutragen* *könnte, daß leichtsinnige, übel geartete, Soldaten sich solcher Gelegenheit zur Desertion bedieneten, So wird Nahmens und von wegen seiner Königlichen Majestät von Großbritannien und Churfürstlichen Durchlaucht zu Braunschweig-Lüneburg Unseres allergnädigsten Herrn, denen Landdrosten, Oberhauptleuten, Drosten, Beamten, Magistraten und Gerichten, wie auch denen Eingesessenen und Unterthanen Seiner Königlichen Majestät Teutscher Lande, bey welchen sich der Fall zutragen mögte oder könnte [sic], hiermit und kraft dieses ernstlich aufgegeben und befohlen, bey dem bevorstehenden Durchmarsche besagter Fürstlich-Braunschweigischer und Fürstlich-Heßischer Trouppen durch die diesseitigen Lande, nicht nur keine Desertion zu veranlassen, noch zu erleichtern oder zu befördern, sondern auch selbige, soviel an ihnen ist, zu verhüten und hindern, mithin, wann von solchen durchziehenden Trouppen ein Kerl ausreißen, und sie solches verspüren sollten, ihn anzuhalten, und an das nächste der durchmarschierenden Regimenter desjenigen Herrn, zu deßen Trouppen der Deserteur gehöret, auszuliefern. Gestalten denn ein gleiches auch in den Garnisons und Quartieren Seiner Königlichen Majestät Teutschen Trouppen beobachtet werden wird«* (Hann. 41 V, Nr. 32).

Doch nicht nur innerhalb Hannovers wurde das Problem der Desertion thematisiert. Die Geheimen Räte standen darüber hinaus auch mit ihren Amtskollegen in den hessischen und braunschweigischen Fürstentümern in regem Austausch. Da es natürlich auch im Interesse dieser Fürsten lag, ihre Regimenter möglichst vollzählig zu halten, hatten sie gleichermaßen ihre Minister mit entsprechenden Instruktionen ausgestattet. Vor diesem Hintergrund hatten sich daher Hannover, Braunschweig und die hessischen Höfe auf eine gemeinsame Desertionsprävention geeinigt. Zum einen beinhaltete dies, dass soweit irgend möglich die brandenburgischen Landesgrenzen weiträumig umgangen werden sollten. Zu diesem Zwecke waren hannoversche Kavallerie-Patrouillen als Eskorten eingesetzt worden, um so verhindern zu können, dass sich Soldaten in die brandenburgischen Lande absetzten und dort gar in preußischen Dienst traten (Hann. 41 V, Nr. 32). Als weitere Maßnahme zur Verhütung beziehungsweise zur Schadensbegrenzung nach erfolgter Desertion hatten zum anderen sowohl der Herzog von Braunschweig als auch der Landgraf von Hessen erklärt, *»vor einen jeden Deserteur von dero Trouppen, welcher von den diesseithigen [hannoverschen] Unterthanen geliefert werden würde, 10 R[eichs]th[a]l[er] bezahlen zu laßen«* (Hann. 41 V, Nr. 32).

Der Korrespondenz der Geheimen Räte im Laufe des Jahres 1776 ist zu entnehmen, dass dieses System der behördlichen und zivilen Sozialkontrolle in Bezug auf die innerhalb der hannoverschen Territorien desertierten Soldaten zu funktionieren schien. So finden sich in ihren Unterlagen ebenso Berichte über Verurteilungen zurückgeführter Deserteure wie auch die Bitte der Braunschweiger und Kasseler Ministerien, die zweite Kohorte der durchmarschierenden Divisionen mittels einer hannoverschen Kavallerie-Patrouille zu eskortieren, denn: *»Die von denen Herren bey dem March der ersten Division der* hiesigen Fürstlichen Trouppen in dasigen Landen durch die verfügte Escortierung von Cavallerie-Patrouillen, und die sonstige gemachte Veranstaltung gegen das Austreten derselben, ist von so guter Wirkung gewesen, daß des Herzogs, Unseres gnädigsten Herrn Durchlaucht gar sehr wünschten, daß solche bey dem March an die Brandenburgischen Grenzen ziehet« (Hann. 41 V, Nr. 32).

Dies wurde von der hannoverschen Generalität und den Geheimen Räten jedoch abgelehnt, »da sie bey dem Durchmarch der ersten Colonne nicht gegeben worden, der zweyten nicht bewilligt werden« (Hann. 41 V, Nr. 32). Die hannoverschen Kavallerie-Regimenter würden jedoch wie zuvor dafür sorgen, so die Geheimen Räte, »wenn etwa Deserteurs sich finden sollten, solche aufzufangen und an die nächsten Bataillons abzuliefern« (Hann. 41 V, Nr. 32).

Neben der Organisation der Marschrouten, der Sicherstellung der Verpflegung und den Maßnahmen im Falle von Desertionen profitierte Großbritannien von der Verbindung mit Hannover auch in bürokratischer Hinsicht. Denn es ist auffällig, dass sich in den gesamten Unterlagen der Geheimen Räte im Zusammenhang der Durchmärsche der in britischem Sold stehenden Truppen durch die hannoverschen Lande keine Hinweise darauf finden lassen, dass für diese landesfremden Regimenter Durchmarschpässe ausgestellt worden sind. Der direkte Vergleich mit Durchmärschen anderer Truppen durch hannoversches Territorium aus gleicher Zeit zeigt, dass die Behandlung der in britischem Sold stehenden Regimenter und Divisionen mitnichten der Regelfall war. So hatte der kaiserliche Hof für die in seinen Dienst aufgenommenen fremden Truppen mehrfach Durchmarschgesuche an die Geheimen Räte stellen müssen. Gleiches galt auch für die wolfenbüttelschen Rekruten in braunschweigischem Sold, für die die Geheimen Räte im Dezember 1775 mehrere Pässe ausstellten, nachdem sie das ordnungsgemäße Requisitionsschreiben aus Braunschweig erhalten hatten (Hann. 41 V, Nr. 6). Die eingangs zitierte Passage aus dem Brief Joseph Yorkes an seinen Kollegen James Harris zeigt deutlich, dass sich die Erteilung einer Passiererlaubnis durchaus nicht unproblematisch gestalten konnte und im ungünstigsten Falle die geplanten Durchmärsche aufgehalten oder gar verhindert wurden. Aufgrund der hannoverschen Verbindung hingegen mussten die britischen Verantwortlichen nicht befürchten, in langwierige Verhandlungen verwickelt zu werden. Denn dass diese sehr zeitintensiv sein konnten, wird insbesondere in den Korrespondenzen der britischen Diplomaten Yorke, Cressener und Harris deutlich. So hatte Cressener im März 1776 nach London vermelden müssen: »*I have requested of the Courts of Mentz, Coblentz, Manheim, Cologne and Berlin the free passage for the troops of the Hereditary Prince of Hesse in His Majesty's service. I have as yet only received an answer from the Elector of Cologne*« (NA, SP 81/154).

Ebenso konnten sie sich sicher sein, dass, wiederum aufgrund des besonderen Verhältnisses zu Hannover, die Durchmärsche nicht Gefahr liefen, wegen formaler Mängel gestoppt zu werden. Vor allem Friedrich II. von Preußen hatte in diesem Zusammenhang die britischen Diplomaten in Unruhe versetzt, als sie befürchteten, selbiger würde den in britischem Sold stehenden Truppen den Transit verweigern. Vor dem Hintergrund der immer wieder betonten absoluten Dringlichkeit des raschen Transports war dies ein fast unerträglicher Gedanke für die britischen Gesandten.

Neben dem Nehmen der bürokratischen Hürden ließen die hannoverschen Minister Colonel Faucitt darüber hinaus von ihrer Lokalkompetenz profitieren, als sie im Januar 1776 General von Freytag per Express nach Kassel schickten, um Faucitt unter anderem den »*in Engelland vielleicht unbekandte[n] oder wenigstens nicht erinnerlich gewesene[n] Umstand, bemercklich zu machen, daß die Elbe gar leicht noch im April nicht schiffbar seyn könne, welches in eben solcher Maaße in Ansehung der Weser eintritt, und dieses bey dem diesjährigen strengen Winter um so mehr zu befürchten sey*« (Hann. 41 V, Nr. 32).

Da zu diesem Zeitpunkt geplant war, die braunschweigischen und hessischen Truppen in Stade und Bremerlehe nach Übersee einzuschiffen, hätte dies zur Folge gehabt, dass sich der Transport der Truppen nach Amerika stark verzögert hätte. Auf Grundlage dieser Informationen wurde erneut Ritzebüttel als dritter Einschiffungshafen ins Gespräch gebracht, und die Geheimen Räte wurden angewiesen, die Verhandlungen mit dem zuständigen Amt in Harburg aufzunehmen. Auch wenn im Endeffekt die Schneeschmelze doch noch rechtzeitig einsetzte und die ersten Truppen wie geplant von Stade und Bremerlehe in Richtung Nordamerika absegeln konnten, war diese Information der Geheimen Räte für die britische Mission dennoch von großer Bedeutung gewesen, wenngleich – wie im nächsten Kapitel deutlich zu sehen sein wird – sie maßgeblich aus Eigeninteresse erfolgte.

4. Reaktionen auf die Einbindung Hannovers in die Faucitt-Mission

In einem privaten Brief vom 18. Januar 1776 an Lord Suffolk, den britischen Secretary of State for the Northern Department, zeigte sich William Faucitt insgesamt optimistisch, was das Gelingen der Durchmärsche der ersten Truppenkontingente zu ihren Einschiffungshäfen in Stade und Bremerlehe betraf. Allein das Finanzmanagement und die anhaltende winterliche Witterung bereiteten ihm Sorgen (NA, SP 81/182). Jedoch, so der Colonel unter dem Mantel der Vertraulichkeit, hätte er noch eine weitere Beobachtung hinzuzufügen, die die hannoverschen Geheimen Räte direkt angehe: »*I have one observation to add, with Respect to the Hanoverian Ministers in general, which is the result of my experience of them, that unless His Majesty's commands have been faithfully, as well as expeditiously conveyed to Them, through the channel they usually pass, We may have a great deal of unnecessary plague and interruption*« (NA, SP 81/182).

William Faucitt äußerte sich in diesem Schreiben also wenig beeindruckt von der Unterstützung der Geheimen Räte für die britischen Angelegenheiten und bemängelte vielmehr die zögerliche Haltung, die das Ratskollegium seiner Auffassung nach stets an den Tag zu legen pflegte, wenn kein anderslautender und direkter königlicher Befehl vorlag. Die Korrespondenz der Geheimen Räte insbesondere vom Januar 1776 bestätigt, dass die britischen Aktivitäten und die eigene Einbindung darin in Hannover eher mit Argwohn denn mit Enthusiasmus betrachtet wurden. Vor allem die britischen Marsch- und Einschiffungspläne hatten die kurfürstliche Regierung in Alarmbereitschaft versetzt, wie aus einem Schreiben des Kammerpräsidenten von Lenthe an Generalfeldmarschall Spörcken vom 25. Januar 1776 deutlich hervorgeht. Darin heißt es unter anderem: »*Der Herr Feldmarschall wird aus dem in Abschrift beigefügten Schreiben des Colonel Faucitt ersehen, wie die Absicht sey, die gesamte auf 16/m Mann ansteigende, in Englischen Sold genommene Braunschweigische und Heßische Truppen, nicht nur durch das hiesige Land [...] zu führen, sondern auch zum Theil Bereits in künftigem Monath aufbrechen zu laßen. Gleichwie dieses Vorhaben überhaupt denen königlichen Unterthanen gar sehr zur Last fallen wird, besonders aber dabey zu besorgen ist, daß wenn die Truppen sich ehe in Marsch setzen, als die Elbe und Weser vom Eise befreit sind, [...] ihr Aufenthalt viele Wochen fortdauern könne*« (Hann. 41 V, Nr. 32 f.10).

Sich zum raschen Handeln aufgerufen sehend, äußerten die Geheimen Räte ihre Bedenken nicht nur dem König gegenüber, sondern entsandten darüber hinaus General von Freytag nach Kassel, um dort bei William Faucitt vorstellig zu werden und ihn von den hannoverschen Befürchtungen in Kenntnis zu setzen. Die Versorgung der Truppen bei Verzögerung der Einschiffung durch Eisgang auf Elbe und Weser bereitete den Hannoveranern dabei die größten Sorgen, da es »*bey dem diesjährigen strengen Winter, gar leicht möglich ist, daß [...] ein Corps von 16/m Mann in dem durch eine schlechte Ernte und der Vieh-Seuche sehr mitgenommenen Herzogthum Bremen cantoniren [...]*« (Hann. 41 V, Nr. 32).

Sie befürchteten demnach vor allem, dass, wie bereits zuvor geschehen, Hunderte Soldaten auf kurfürstlichem Territorium einquartiert werden würden – im ungünstigsten Falle für mehrere Wochen. Dies würde in mehrfacher Hinsicht sowohl die hannoverschen Offiziellen als auch die hannoversche Zivilbevölkerung beeinträchtigen.

Der Enthusiasmus ob der ihnen zugewiesenen Rolle im amerikanischen Konflikt fiel im Kurfürstentum also eher gedämpft aus. Auf Grundlage des Arguments »*vor den Dienst Seiner Königlichen Majestät sowohl als vor das Beste des Landes*« (Hann. 41 V, Nr. 32) versuchten die Geheimen Räte daher zu erwirken, den britischen Plan, Hannover als Haupttransitland der für Amerika bestimmten Truppen zu nutzen, abzuwenden. Dementsprechend wurde General von Freytag beauftragt, »*besagtem Obristen [Faucitt] vorstellig [zu] machen, daß wenn man in Engelland von einer frühen Einschiffung der in Sold genommenen Truppen gewiß sein wolle, man selbige durch Westphalen nach Holland marschieren laßen müße [...], und wie es daher vor die hiesige Lande gar sehr zu wünschen wäre, wenn man jenen Weg nehmen wollte [...]*«.

Sollte sich hierzu eine Möglichkeit nicht zeigen, so ist [...] mit dem Obristen Faucitt zu überlegen, ob nicht die heßischen Truppen den March durch Westphalen auf jener Seite der Weser nehmen könnten, da die königlichen Teutschen Länder ohnehin durch die Braunschweigischen Truppen und das Embarquement genugsam beschweret werden. [...] Er der Obrist Faucitt werde sich selbst in eine große Verlegenheit setzen, [...] indem er vor die Subsistenz der Truppen zu sorgen haben werde, und ihm das Land darunter, wegen der gehabten schlechten Jahre, sehr wenig werde zu Hülfe kommen können« (Hann. 41 V, Nr. 32).

Am 28. Januar 1776 empfing William Faucitt von Freytag, und der hannoversche General legte dem Colonel gemäß seinen Instruktionen die Bedenken und Vorschläge der Geheimen Räte vor. Laut Freytags Schilderungen zeigte sich Faucitt den hannoverschen Sorgen gegenüber generell aufgeschlossen, signalisierte jedoch in allen Punkten, dass ihm die Hände gebunden seien und er den Wünschen der Hannoveraner nicht entsprechen könne (Hann. 41 V, Nr. 32). In seinem privaten Brief an Lord Suffolk hingegen äußerte sich Faucitt dem Ansinnen des Kurfürstentums gegenüber deutlich weniger gewogen: *»They [die Geheimen Räte, S.G.] sent General Freytag to me here Express, to lament the distress their Country must suffer, by the march of these Troops through it; and to propose their taking another Route, either upon the left of the Weser, or through Westphalia and Holland, to be embarked at some Dutch Port: – I represented, in answer, the impracticability of changing the Route at any rate; especially as our time was so short: – as likewise, that as the expence attending the March, must naturally be defrayed by the Crown, the Country of Hanover would reap an evident advantage and the Peasants be enriched by the money that must be spent amongst them on this occasion. If the Hessians were to march along the left Banks of the Weser, they must necessarily pass some of the Prussian Territories and those of perhaps half a score of petty Princes, in doing which (independent of the time that would be required for the drawing up and circulating the necessary Requisitorial Letters &c) We should most likely lose half of them by Desertion, before they arrived at Lehe. It was for this essential reason principally, why the Route through the Electorate was adopted in preference to any other«* (NA, SP 81/182).

Anhand dieser Aussage ebenso wie der darauf folgenden Korrespondenz mit Suffolk, der Faucitt in dieser Sache mitnichten widersprach, wird mehr als deutlich, dass weder der Colonel noch die Londoner Regierung Verständnis für die hannoverschen Belange aufbrachten. Alle von Freytag vorgebrachten Einwände wurden mit einer an Selbstverständlichkeit grenzenden Finalität zurückgewiesen, während die Reaktion Faucitts auf die Befürchtungen der Geheimen Räte, die hannoversche Zivilbevölkerung könnte durch die Truppentransporte Belastungen ausgesetzt sein, da die Versorgungslage ohnehin recht prekär wäre, nahezu komisch anmutet: Freytag könne sicher sein, dass die Krone selbstverständlich alle entstehenden Kosten übernähme, den hannoverschen Bauern ihre Ausgaben erstattet würden und Hannover also insgesamt einen finanziellen Vorteil aus dem

Durchmarsch zöge. Da Großbritannien nicht gerade dafür bekannt war, getätigte Auslagen postwendend zu erstatten und auch die mit der Einquartierung von Soldaten verbundenen Problematiken an sich den hannoverschen Vertretern Grund zur Sorge aufgaben, mag dies die Geheimen Räte kaum beruhigt haben.

Vor allem aber der letzte Satz des angeführten Zitates aus Faucitts Brief an Suffolk bestätigt den Eindruck, dass es den britischen Verantwortlichen vor dem Hintergrund des amerikanischen Konflikts in ihrer Planung absolut nicht um Anerkennung oder Wahrung der hannoverschen Interessen ging. Deutlicher konnte der Colonel es kaum ausdrücken, wenn er schreibt, dass die Marschrouten vor allem aus dem Grunde durch die hannoverschen Lande gelegt worden waren, um zum einen wertvolle Zeit zu sparen, da beim Passieren hannoverscher Territorien kein bürokratischer Aufwand betrieben werden musste, und zum anderem, um auf diese Weise Desertionen möglichst unterbinden zu können. Nicht die hannoverschen Belange standen im Vordergrund, sondern zuallererst die britischen, und gingen die hannoverschen Anliegen mit den britischen Interessen nicht konform, so wurden sie recht unverblümt beiseitegeschoben.

Die Korrespondenzen Faucitts suggerieren daher, dass zumindest die daran Beteiligten die Rolle Hannovers in erster Linie darin sahen, nach bestem Vermögen der britischen Sache in Amerika dienlich zu sein. Erst danach war es dem Kurfürstentum möglich, auf eigene Interessen aufmerksam zu machen – die jedoch zurückgewiesen wurden, sollten sie sich als mit den britischen unvereinbar erweisen. Ungeachtet der Tatsache, dass die Geheimen Räte ihrerseits ihre Bedenken mit der Sorge um das Wohl königlicher Belange begründeten, es »*schlechterdings ohnmöglich auch dem Willen Seiner Königlichen Majestät ohne Zweifel völlig entgegen sey, daß man ein Corps von 16/m Mann hier mehrere Wochen im Lande haben solle*« (Hann. 41 V, Nr. 32), saßen sie dennoch in dieser Angelegenheit am sprichwörtlich kürzeren Hebel. Nicht nur berief sich Faucitt in seinem Drängen auf einen raschen Marschbeginn ebenfalls auf «*His Majesty's pleasure*« (NA, SP 81/182); vielmehr erhielten die hannoverschen Minister im Februar 1776 ein Schreiben aus London, in dem George III. die Marschrouten und Zeitpläne Faucitts bestätigte und seine kurfürstlichen Minister und Generäle anwies, das Vorhaben nach bestem Vermögen zu unterstützen. Damit waren alle weiteren Diskussionen im Keim erstickt: Der Loyalität zum König-Kurfürsten verpflichtet, fügten sich die Geheimen Räte, und so konnten, wie in den vorangegangenen Kapiteln dargestellt, die Truppentransporte wie geplant vonstattengehen. Demzufolge wurden insbesondere in den nächsten zwei Jahren mehrere Tausend Soldaten durch die hannoverschen Lande in Richtung Stade, Bremerlehe und Ritzebüttel geführt, einquartiert und versorgt. Einzig die hanauischen Regimenter marschierten, wie bereits erwähnt, auf Wunsch ihres Landesherrn nach Westen in Richtung Holland.

Zwar ist davon auszugehen, dass die hannoverschen Geheimen Räte und auch die kurfürstlichen Untertanen mit dieser Lösung sicherlich nicht zufrieden waren und es im Laufe der Zeit unweigerlich zu Konflikten und Missständen gekommen sein muss, die bislang nur noch nicht untersucht worden sind. Jedoch hatte ihre Loyalität zum König-Kurfürsten eine Schnittmenge mit den britischen Interessen erzeugt, die zur Folge hatte, dass im Kurfürstentum die rein hannoverschen Belange zumindest für die Dauer der Kriegsjahre zurückgestellt werden mussten. Für die britischen Verantwortlichen bedeutet dies im Umkehrschluss, dass sie sich spätestens ab dem expliziten königlichen Befehl der vollen Unterstützung der hannoverschen Vertreter sicher sein konnten und ihnen alle verwertbaren hannoverschen Ressourcen zur Verfügung standen. Dass Faucitt mit diesem Verhaltensmuster bestens vertraut war, bezeugt sein bereits zitierter Ausspruch »*that unless His Majesty's commands have been faithfully, as well as expeditiously conveyed to Them, through the channel they usually pass, We may have a great deal of unnecessary plague and interruption*« (NA, SP 81/182).

5. Conclusio

Die vorangegangenen Kapitel haben gezeigt, dass das Kurfürstentum Hannover im Zusammenhang des Amerikanischen Krieges alles andere als unbeteiligt war. Zwar war man auf dem Kriegsschauplatz nicht direkt vertreten, jedoch liefen im Hintergrund vor allem in der frühen Phase des Konflikts die Fäden in Hannover zusammen. Sowohl die Geheimen Räte als auch die hannoverschen Generäle fungierten als eine Art »Expertenteam« für den britischen Sondergesandten William Faucitt, ohne deren Kompetenzen seine Mission nicht möglich gewesen wäre – zumindest nicht in der Geschwindigkeit, in der sie erfolgte. So waren es die Geheimen Räte und die hannoverschen Offiziere Spörcken, Freytag, Hardenberg und Erstorff, die den Colonel mit den erforderlichen Informationen ausstatteten, sämtliche vor Ort anfallenden Aufgaben erledigten und auf diese Weise dafür sorgten, dass die britische Rekrutierung im Reich zügig und ohne große Zwischenfälle verlaufen konnte. Überhaupt war Hannover bei Faucitts Mission das »Hauptquartier«, war gleichsam Kommunikations- und Organisationszentrale, in der alle für seine Gesandtschaft relevanten Stränge zusammenliefen. Das Kurfürstentum erwies sich für Großbritannien also einmal mehr als von großem Wert, wenn auch eher »hinter den Kulissen«.

Ebenfalls ist deutlich geworden, dass die insbesondere in der deutschen Historiographie verbreitete These der britischen Anerkennung hannoverscher Eigenständigkeit einer Korrektur bedarf. Faucitt und seine Vorgesetzten in London waren nicht gewillt, im Falle eines Interessenkonfliktes die hannoverschen Belange als gleichwertig zu betrachten, geschweige denn, sie den britischen überzuordnen. Ebenso wenig trennten sie zwischen hannoverschen und britischen Zuständigkeiten, sofern es ihnen von Nutzen sein konnte. Dementsprechend waren es auch die hannoverschen Minister, die die Korrespondenzen mit den hessischen, braunschweigischen und hamburgischen Offiziellen führten und sowohl die bürokratischen als auch die logistischen Fragen der Durchmärsche klärten. Am Beispiel der Rekrutierungen ist daher deutlich zu sehen, in welch extrem komplexem und ambivalentem Verhältnis Hannover und Großbritannien zueinander standen und wie sehr die Grenzen zwischen »Eigenem« und »Fremdem« immer wieder verschwammen. In der Person des gemeinsamen Herrschers und ihrer Loyalität zu ihm hatten beide Seiten gemeinsame Interessenschnittmengen, die punktuell immer wieder zu Tage traten und sich beispielsweise auch darin manifestierten, dass die hannoverschen Soldaten als einzige »Fremdrekruten« keinen zusätzlichen Eid auf George III. ablegen mussten, da »They swear Fidelity to His Majesty in His double Capacity of King of Great Britain and Elector of Hanover« (NA, SP 81/181).

Die Quellen rund um die Faucitt-Mission weisen also darauf hin, dass diese geschickte indirekte und verdeckte Nutzung hannoverscher Ressourcen eher im Lichte des britischen Selbstverständnisses und der britischen Hannover-Perzeption zu sehen ist denn als Manifestation der Anerkennung hannoverscher Interessen. Ähnlich wie schon bei den englischen Diskussionen um ein schottisches Eingreifen während der irischen Rebellion von 1641, so ist auch im Falle Nordamerikas anzunehmen, dass der britische Besitzanspruch zumindest einer der Gründe war, der die politisch Verantwortlichen eine direkte Beteiligung Hannovers jenseits des Atlantiks ausschließen ließ, ohne damit den Faktor der königlichen Fürsorge ausklammern zu wollen. Jedoch lässt vieles vermuten, dass das freilich in einem anderen Zusammenhang geäußerte *»we are not the weaker party, [...] we do not stand in need of assistance«* (zitiert in: Simms 2005) Admiral Warrens in den 1770er Jahren aktueller war denn je. Dass dies hinter den Kulissen ganz anders aussah und das britische Königreich sehr wohl (hannoverscher) Hilfe bedurfte, ist, wie so oft, der feine Unterschied zwischen politischer Rhetorik und politischer Realität.

Anmerkung

1 Englischer Offizier (1727–1804), auch in den Schreibweisen »Fawcitt«/«Fawcett« bekannt. Während der Jahre des Unabhängigkeitskrieges bekleidete er zunächst den Rang eines Colonels, wurde 1777 zum Major-General und 1782 zum Lieutenant-General befördert (Art. ODNB: »Fawcett, Sir William«). Sein ältester Sohn William studierte von 1767 bis 1769 an der Universität Göttingen. Für diesen Hinweis danke ich Johanna Oehler.

Literatur

I. Primärquellen

British Library (London): MS Add. 35434.

Hauptstaatsarchiv Hannover: Hann. 41 V, Nr. 6, Hann. 41 V, Nr. 10, Hann. 41 V, Nr. 26, Hann. 41 V, Nr. 32.

National Archives (London): SP 81/182, SP 81/183, SP 81/154.

II. Sekundärliteratur

Atwood, Rodney: The Hessians. Mercenaries from Hessen-Kassel in the American Revolution. Cambridge 1980.

Conway, Stephen: The British Isles and the War of American Independence. Oxford 2000.

Heuvel, Christine van den, und Manfred von Boetticher (Hrsg.): Geschichte Niedersachsens Bd. 3.1. Politik, Wirtschaft und Gesellschaft von der Reformation bis zum Beginn des 19. Jahrhunderts. Hannover 1998.

Königs, Philip: Die Dynastie aus Deutschland. Die hannoverschen Könige von England und ihre Heimat. Hannover 1998.

Kroll, Stefan: Soldaten im 18. Jahrhundert zwischen Friedensalltag und Kriegserfahrung. Lebenswelten und Kultur in der Kursächsischen Armee 1728–1796. Paderborn 2006.

Schlieffen, Alfred von: Cannae. Berlin 1925.

Simms, Brendan: Hanover in British Policy 1714–1837. Interest and Aims of the Protagonists. In: Rex Rexheuser (Hrsg.): Die Personalunionen von Sachsen-Polen 1697–1763 und Hannover-England 1714–1837. Ein Vergleich. Wiesbaden 2005, 311–334.

Taylor, P. K.: Indentured to Liberty. Peasant Life ad the Hessian Military State 1688–1815. New York 1994.

Wilhelmy, Jean-Pierre: Soldiers for Sale. German ›Mercenaries‹ with the British in Canada During the American Revolution 1776–83. Montreal 2009.

Musikalischer Kulturtransfer im Kontext der Personalunion? Überlegungen zu einer unwägbaren Kategorie in der historischen Musikforschung[1]

Timo Evers und Andreas Waczkat

In den letzten Jahren hat sich wiederholt die komplexe und stark voraussetzungsreiche Frage nach Auswirkungen der Personalunion auf den kulturellen Austausch zwischen Großbritannien und dem Kurfürstentum Braunschweig-Lüneburg gestellt. Der Beitrag setzt sich zunächst kritisch mit der Kulturtransferforschung auseinander und entwickelt sodann anhand ausgewählter Fallbeispiele Perspektiven eines dezidiert musikhistorischen Zugriffs auf musikalische Austauschprozesse im Kontext der Personalunion.

1. Einleitung

Im Zeichen neuerer Kulturtheorien ist ein Trend zu beobachten, der auch in der historischen Musikforschung auf Interesse gestoßen ist: Gemeint sind musikalische Austauschbeziehungen zwischen einander an sich fremden Kulturräumen, die allgemein im Zuge von dynamischen Vermittlungsprozessen für einen gewissen Zuwachs und eine Transformation indigener Kultur- und Wissensressourcen verantwortlich gezeichnet haben. In einem solchen Sinne wird bisweilen die Personalunion zwischen Großbritannien und dem Kurfürstentum Braunschweig-Lüneburg ins Spiel gebracht: So habe der auf Weisung König Georgs III. im Jahre 1782 vom Kurfürstentum nach London migrierte Schullehrer und Organist August Friedrich Christoph Kollmann »die dynastischen Beziehungen zwischen Hannover und London zu einer Mittlerrolle zwischen Deutschland und England« genutzt und somit zu einer musikalischen Annäherung zwischen den Territorien beigetragen (Leisinger 2003, Sp. 457). Auf der anderen Seite ist jedoch der Einfluss Hannovers für das norddeutsche wie für das britische Musikleben insgesamt weitgehend bestritten worden. In diesem

Sinne ist etwa die Hofmusik im Hannover des 18. Jahrhunderts in der Tradition einer kulturellen Verfallsgeschichte dargestellt worden: Seitdem der König und Kurfürst nicht mehr in seine Stammlande gereist sei, habe es keine »Hofgesellschaft, die einen Anzugspunkt bildete und von der Impulse ausgingen« (von Stieglitz 2005, 371), mehr gegeben. Deshalb sei auch die vom Herrscher isolierte Hofmusik vom Stempel kultureller Bedeutungslosigkeit gezeichnet gewesen.[2]

Wenn diese verwirrend gegensätzlichen Positionen auch weitgehend ohne die Analyse einer breiteren Quellenbasis auskommen – nicht zuletzt, weil wesentliche Quellenbestände im Hauptstaatsarchiv und Stadtarchiv zu Hannover durch Kriege und Leinehochwasser als unwiederbringlich verloren gelten müssen –, so zeigen diese Positionen doch zweierlei: Einerseits liegen mit dem vermittelnden Musiktheoretiker und Komponisten Kollmann wie der hannoverschen Hofmusik zwei relativ unterschiedliche musikhistorische Gegenstände vor, die sich nicht ohne Weiteres in das Konzept einer homogen und schlüssig erzählten Musikgeschichte der Personalunion fügen lassen wollen. Andererseits erscheint vor diesem Hintergrund grundsätzlich die Frage nach der Legitimität einer solchen Musikgeschichte und der erwähnten Deutungen angebracht: Denn eine solche Musikgeschichte wäre enorm voraussetzungsreich, weil sie grundsätzlich mit dem Problem zahlreicher Unwägbarkeiten belastet wäre, die wiederum eindeutige Zuschreibungen zur zunächst als rein politisches Gefüge zu definierenden Personalunion kaum zulassen würden und insofern in ein Dilemma führen müssten.

Solche Unwägbarkeiten ergeben sich zwangsläufig, sobald ein entsprechender Gegenstand zu fassen versucht wird: Die Identifizierung historischer musikalischer Gegenstände mit *der* Personalunion ist vor allem deshalb kaum plausibel zu leisten, weil damit häufig ein stark eingeschränkter Blick und somit eine kaum angemessene Reduzierung des musikalischen Gegenstandes auf Kosten dringend notwendiger Differenzierungen verbunden ist. Dies zeigt wiederum der Forschungsstand: In der einschlägigen geschichtswissenschaftlichen Literatur wird die Personalunion musikhistorisch zwar nur rudimentär beleuchtet, doch erweisen sich die wenigen musikhistorischen Beiträge bei genauerer Betrachtung des Öfteren als reich an Fehlzuschreibungen. So kann zwar nicht geleugnet werden, dass Kollmann auf Weisung des Königs nach London gekommen ist und dort als Schullehrer und Organist der »German Lutheran Chapel of St. James's Palace« gewirkt hat. Direkte Einflüsse dieses beruflichen Kontexts auf Kollmanns im weiteren Sinne künstlerische Produkte lassen sich möglicherweise finden, liefern jedoch nur eine notwendige, aber keinesfalls hinreichende Erklärung für deren Genese und Funktion im übergreifenden kulturellen Kontext. Dieser nämlich umfasst sehr viel mehr, nämlich u.a. die Kategorien einer entstehenden bürgerlichen Öffentlichkeit, der Religion und Konfession, Gesellschaft, Wirtschaft, Kunst und Wissenschaft – Kategorien, die allesamt auch vor dem Hintergrund eines in vielfältigen Kommunikationsprozessen begriffenen Europa zu betrachten sind.[3] Das Beispiel zeigt, dass bestenfalls nach Überschneidungen mit der Personalunion zu fragen wäre, dass die Personalunion selbst aber keineswegs als einzige Größe für ein tiefer greifendes Verständnis musikhistorischer Gegenstände taugt.

Dies gilt sogar für das gänzlich anders geartete, vordergründig nächstliegende Beispiel der Hofmusik in Hannover: Wenn sie auch zu Repräsentationszwecken des Kurfürsten und Königs eingesetzt und von diesem finanziert worden ist und deshalb untrennbar mit der Personalunion verbunden ist, so dürfen doch die übergreifenden Verflechtungen der Hofmusik mit dem allgemeinen Musikleben der Zeit nicht übersehen werden. Die Musiker agierten nicht nur im höfischen, sondern gleichsam im urbanen Raum als Musiker und Komponisten, als Musiklehrer, Veranstalter, Initiatoren von gewissen Projekten wie einer Musikalien-Leihanstalt (Sievers 1984, 82f.) und waren somit immer auch Teil außerhöfischer Kontexte. Darüber hinaus knüpften sie bisweilen folgenreiche Kontakte mit auswärtigen Musikern, die u.a. durch Konzertreisen nach Hannover gekommen waren. Durch solche reisenden Vermittler konnten weitere Kontakte geknüpft werden, die bisweilen auch für den Transfer von Musikern und Musikalien nach Großbritannien verantwortlich gezeichnet haben (Jarvis 2007). Alle diese Verflechtungen deuten darauf hin, dass der kulturelle Kontext der Hofmusik nicht in einem ausschließlich höfischen Kommunikationsraum verortet werden darf. Dessen sich als äußerst dynamisch erweisende Grenzen konnten sich vielmehr fließend mit den Grenzen urbaner wie europäischer Kommunikationsräume überschneiden. Doch ist hier wiederum die Gefahr gegeben, das Fluide kultureller Austauschbeziehungen unangemessen zu überzeichnen. Somit wird die Frage danach, wie und ob überhaupt die Personalunion musikhistorisch konzeptionell gefasst werden kann, zum dringlichen Hauptanliegen der vorliegenden Überlegungen.

Vor diesem Problemhorizont ist im Folgenden zunächst das nur im weitesten Sinne als »Theorie« zu bezeichnende Konzept des Kulturtransfers auf seine Anwendbarkeit für die musikhistorische Forschung mit ganz speziellem Fokus auf den historischen Gegenstand der Personalunion zwischen Großbritannien und Hannover (1714–1837) kritisch zu prüfen. Die Ausführungen zeigen, dass die Personalunion als Analysekategorie trotz einiger Einwände nicht gänzlich zu verwerfen ist, sondern für die musikhistorische Forschung durchaus analytisch fruchtbar gemacht werden kann. Daher sind zu den zitierten konträren Positionen der Forschung alternative Perspektiven zu entwickeln und anhand ausgewählter Fallbeispiele zu verdeutlichen – Perspektiven, die insgesamt einen sicheren analytischen Zugriff auf den historischen Gegenstand erlauben sollen. Somit ist der vorliegende Beitrag als Versuch einer ersten, jedoch keineswegs vollständig durchexerzierten Annäherung an einen äußerst komplexen historischen Gegenstand zu verstehen; eine übergreifende Musikgeschichte der Personalunion muss daher Desiderat der Forschung bleiben.

2. Zur Kulturtransferforschung und Möglichkeiten des analytischen Zugriffs

Wenn die neueren Ansätze der historischen Kulturtransferforschung und der *Histoire croisée* in der Nachfolge Bénédicte Zimmermanns und Michael Werners (2002) in Einzelfällen dazu beitragen mögen, eine beschränkte Sichtweise auf das Thema Musik und Personalunion zu vermeiden, so ist der Begriff »Kulturtransfer« dennoch nicht frei von erheblichen methodischen Problemen und Unwägbarkeiten: Denn trotz inzwischen weitaus differenzierterer Sichtweisen bergen die sich hinter dem Begriff des Kulturtransfers verbergenden Konzepte nach wie vor die erhebliche Gefahr, den Transfer als solchen von einer Geber- hin zu einer Empfängerkultur zu beschreiben. Damit wird nicht nur das Grundprinzip maßgeblich auf Wechselseitigkeit (Middell 2001) beruhender Kommunikation ignoriert, sondern auch die Vorstellung von Zentrum und Peripherie zementiert (Lipphardt und Ludwig 2012, Abs. 12), die zwangsläufig für hinkende Vergleiche verantwortlich zeichnet. Ergebnis ist dann der fragwürdige Vergleich der Weltstadt London mit mehr als einer Million Einwohnern um 1800 mit der zur gleichen Zeit nur rund 18.000 Einwohner zählenden Provinzstadt Hannover – ein Vergleich, der an sich nicht zwangsweise Rückschlüsse über die Qualität transferierter Personen, Gegenstände – darunter auch Musikalien – und Ideen gestattet. Denn besonders der wechselseitige kommunikative Austausch von Ideen, Musik und sich der Musik widmenden Schriften ist eben nicht zwangsweise an einen geografischen Ort gebunden, sondern kann in Form von Diskursen und kulturellen Praktiken, wozu auch die Musik zu zählen wäre, in transferierten Medien ganz eigene Dynamiken entfalten (ebd., Abs. 31). Obwohl Hannovers Musikleben sicher nicht annäherungsweise mit der Quantität, Vielfalt und den ganz anders gearteten Öffentlichkeitsstrukturen des Londoner Musiklebens mithalten konnte, musste das nicht bedeuten, dass man in London nicht doch erheblich von musikalischen Experten aus dem Kurfürstentum oder wenigstens aus dem deutschsprachigen Raum profitieren konnte.

Die angedeuteten Probleme sind letztendlich vielfach der Methode des Vergleichs und der damit verbundenen einzunehmenden Perspektive geschuldet: Wer einen Kulturtransfer beschreibt, muss sich idealiter auf beiden Seiten vortrefflich auskennen, um kulturelle Überschneidungen und Austauschbeziehungen fundiert erfassen zu können. Der daraus resultierende erhöhte Aufwand (Middell 2001, 18) kann allein schon wegen der verstreuten Quellenlage in verschiedenen Staaten nicht immer erbracht werden. Trotz oder gerade wegen der vergleichenden Perspektive besteht auch die Gefahr wenig angemessener abqualifizierender Wertungen: Bisweilen wird ein Maßstab entweder aus englischer oder norddeutscher Perspektive angelegt, der spezifische Wertungsmuster automatisch vorgibt. So kann aus deutscher Perspektive das anmaßende, gleichwohl immer noch wirkmächtige Bild eines überlegenen musikalischen Werkekanons mit den Komponisten Händel, der Bachs, Mozart, Haydn bis hin zu Beethoven entstehen. Demgegenüber können aus englischer Perspektive die vermeintlich überlegenen Strukturen des öffentlichen Konzertlebens ins Feld geführt werden. Obwohl ein »Entweder-oder« hier nicht zielführend sein kann und beide Wertungsmuster inzwischen weitgehend dekonstruiert sind, werden sie dennoch gerade in breitenwirksamer Handbuch-Literatur weiterhin vertreten. Das wichtigste Argument gegen einen eingeschränkten musikhistorischen Vergleich zwischen Hannover und Großbritannien bzw. London ist aber der Tatsache geschuldet, dass ein solcher Vergleich das Ausmaß der Kulturbeziehungen verkennt, die eben nicht mit politischen Einheiten und Verbindungen deckungsgleich sind: So bestanden wohl nicht zuletzt durch die früher ausgebildeten modernen Öffentlichkeitsstrukturen in England schon deutlich vor 1714 vielfältige musikalische Beziehungen zu Amsterdam, Deutschland, Frankreich und Italien (Gerhard 2002, 31–43). Für die große Vielfalt des englischen und ganz besonders des Londoner Musiklebens spielten aus dem Kurfürstentum Hannover stammende Komponisten aber offenbar nur eine geringe Rolle. Besonders gefragt waren stattdessen italienische Komponisten wie Arcangelo Corelli, Francesco Geminiani oder schließlich Muzio Clementi, der allerdings einer späteren Periode angehört und andere musikalische Schwerpunkte gesetzt hat; die in London prominentesten und erfolgreichsten deutschen Komponisten stammten eben nicht aus dem Kurfürstentum Hannover, sondern aus Sachsen, Thüringen und anderen deutschsprachigen Räumen. Zu nennen wären hier vor allem der vormals am Berliner Hof wirkende Johann Christoph Pepusch, der wie Händel musikalisch ebenfalls im ostdeutschen und italienischen Raum sozialisierte Johann Christian Bach, der Thüringer Gambenvirtuose Carl Friedrich Abel oder der aus Mannheim stammende Johann Wilhelm Cramer und sein Sohn Johann Baptist.

Mit dem Transferbegriff ist allerdings noch ein schwerwiegenderes Problem verbunden, nämlich das des analytischen Zugriffs. Allein die Beobachtung, dass Personen und Dinge über geografische Grenzen hinweg transferiert worden sind, lässt noch keine Rückschlüsse auf Qualität und Rezeption des Transferierten zu. Selbst wenn Netzwerke des musikalischen Austauschs annäherungsweise rekonstruiert werden können, so ist damit noch nicht die Frage nach der Bedeutung des Transferierten für den entsprechenden kulturellen Kontext beantwortet: Der Erkenntnisgewinn muss zwangsläufig eingeschränkt bleiben, wenn ausschließlich quantitativ auf das Verpackungsmaterial des Transfers fokussiert, aber die inhaltliche Bedeutung vernachlässigt wird. Die dabei entstehenden Schiefbilder sind zudem häufig einer unvollständigen Quellenlage geschuldet (Middell 2001, 35). Beispielsweise sagt die Information, dass deutsche Musiker in der zweiten Hälfte des 18. Jahrhunderts die in England bis dato gänzlich unbekannte Musik Johann Sebastian Bachs vermittelt haben (Tomita 2004), an sich wenig aus. Ohne Rekonstruktion des musikhistorischen Kontexts kann gar der fragwürdige Eindruck entstehen, überlegene deutsche Musiker hätten die mit Bachs Werken allgemein verbundene hohe musikalische satzwie spieltechnische Kunstfertigkeit einer weitgehend ahnungslosen englischen Öffentlichkeit überhaupt erst vermittelt – einer Öffentlichkeit, der es ohnehin an eigenen Nationalkomponisten gemangelt habe. Dagegen kann erst die Analyse des historischen Kontexts verbunden mit der Frage der Bedeutung der Werke Bachs für die vermittelnden Zeitgenossen eine Annäherung bieten, die dem Gegenstand angemessener scheint. Nur in diesem Fall wird deutlich, dass die Vermittler im 18. Jahrhundert deutlich andere Zielsetzungen verfolgt haben, als es das erst im 19. Jahrhundert deutlich ausgeprägte Narrativ von England als dem »Land ohne Musik« (Gerhard 2002, 7ff.) glauben machen will.

Führt im anderen Fall das Ignorieren inhaltlicher Bedeutungsebenen transferierter Dinge und Ideen also zu Klischees, so bleibt gleichsam die Gefahr, die Geschichte musikalischer Vermittlerfiguren als eigentlich zu überwindende Heldengeschichte fortzuschreiben oder überhaupt erst als solche zu konstruieren (Lipphardt und Ludwig 2011/2012, Abs. 11). Denn ein allzu stark eingeschränkter Blick auf einzelne musikalische Vermittlerfiguren kann zu Überbewertungen ihrer Leistungen führen, wenn andere Erklärungsmuster in den Hintergrund geraten. Damit wird dann paradoxerweise das übersehen, was eigentlich gezeigt werden sollte: Somit bleibt in jedem Fall kritisch zu prüfen, wie repräsentativ musikalische Vermittlerfiguren für allgemeine Tendenzen kulturellen Austauschs tatsächlich sein können. Letztendlich bleiben sie wohl immer Einzelbeispiele, die eher für ein fragmentiertes Geschichtsbild denn den Blick für übergeordnete historische Zusammenhänge verantwortlich zeichnen.

Die mit der Kulturtransferforschung einhergehenden methodischen Probleme und begrifflichen Unwägbarkeiten werden durch eine entscheidende Grundsatzfrage eben nicht gerade neutralisiert: Gemeint ist die keineswegs abschließend zu beantwortende Frage danach, wie fremd oder wie nahe sich eigentlich die so viele Gemeinsamkeiten wie Unterschiede aufweisenden Musikkulturen in Deutschland und England gewesen sein konnten. Denn angesichts der schon durch die historischen Zeitgenossen verbürgten Annahme, dass Musik geografische, konfessionelle und politische Grenzen zu überwinden vermag, sind doch erhebliche Zweifel an einer älteren, jedoch nach wie vor vertretenen Forschungshaltung angebracht, die zunächst grundsätzlich die Kategorie des Fremden so stark unterstreicht, um dann doch Beziehungen zwischen Kulturräumen herauszuarbeiten. Wenn auch Haydns vielzitiertes Bonmot, seine musikalische Sprache würde überall in der Welt verstanden (Dies 1810, 75), sicher keine anthropologische oder universale Gültigkeit beanspruchen konnte und kann, so deutet es doch zumindest darauf hin, dass die europäische Kunstmusik als ein grenzübergreifendes Kommunikationsmedium eigener Valeur begriffen worden ist. Basierend auf annähernd gemeinsamer Tonalität, gemeinsamen harmonischen Gesetzmäßigkeiten und auch angesichts der relativ großen

Überschneidungsmengen hinsichtlich eines entstehenden gemeinsamen Werke- und Komponistenkanons konnte Musik trotz nationalpolitischer Abgrenzungen schon durch die Zeitgenossen (Müller 2007, 22ff.) doch wenigstens innerhalb westlicher Zivilisation niemals so fremd gewesen sein. Dies gilt umso mehr für das 18. Jahrhundert, das ganz im Zeichen europaweiter kommunikativer Vernetzungen einschließlich einer sich weiter ausdifferenzierenden Öffentlichkeit gestanden hat.

Angesichts dieses grundlegend verbindenden Charakters des hier zur Debatte stehenden musikalischen Repertoires und der daran gekoppelten Personen, Ideen und Gegenstände will es nicht recht einleuchten, von einem Transfer *zwischen* den Kulturen auszugehen. Dass es zu einer solchen widersprüchlichen Begriffsdefinition kommen konnte, hat seine Ursachen wohl vornehmlich in der Genese der älteren Kulturtransferforschung, die sich anfänglich zum großen Teil mit dem Transfer westlichen Wissens in fremde außereuropäische Kontexte beschäftigt hat, infolge dessen das verzerrende Narrativ des forschenden Entdeckers als Helden zementiert worden ist – eines Helden, der einer zu zivilisierenden außereuropäischen Welt vermeintlich europäisches Wissen vermittelt (Lipphardt und Ludwig, 2011/2012, Abs. 11). Im Zuge des *Postcolonial Turn* ist dagegen vielmehr deutlich geworden, dass mit der älteren Kulturtransferforschung nicht nur die Konstruktion westlicher Hegemonie und westlichen Überlegenheitsgefühls vor dem Hintergrund eines statischen Kulturbegriffs fortgeschrieben worden ist. Auch verstellt diese Sichtweise den Blick für einen dem Gegenstand weit angemesseneren fluiden Kulturbegriff, der konzeptionell die Genese westlicher Kultur durch wechselseitige transnationale Austauschprozesse berücksichtigt – Austauschprozesse, die durch sich ständig im Fluss befindliche Medien, Texte, Diskurse und kulturelle Praktiken hervorgerufen werden (Schmale 2012, Abs. 8–14). Transfer ist demnach als vermittelnde Weitergabe von kulturellem Wissen »zwischen ganz verschiedenen Ebenen, Gruppen, Gesellschaftsbereichen, und zwar nicht nur rund um den Globus, sondern auch innerhalb von Nationen, Regionen oder an einem eng umgrenzten Ort« (Lipphardt und Ludwig, 2011/2012, Abs. 31) zu definieren.

Vor diesem Hintergrund scheint es gleichermaßen berechtigt wie wünschenswert, die Rolle der Personalunion bei musikalischen Austauschprozessen im oben definierten Sinne herauszuarbeiten. Dabei gilt es, einen festgefügten vergleichenden wie teleologischen Blick im Sinne des aus dem 19. Jahrhundert stammenden nationalstaatlichen Paradigmas zu vermeiden und zunächst deutlich nach kulturellen Funktionsräumen und Zeiten zu differenzieren. Als facettenreiche musikhistorische Analysekategorie geraten mit der Personalunion dabei vornehmlich unterschiedliche musikhistorische Gegenstände in den Blick, die nach ihrer Bedeutung für und im Kontext der Personalunion zu befragen sind. Somit gilt es *vice versa*, den dezidiert musikalischen Kontext des politischen wie kulturellen Gefüges der Personalunion im Sinne einer musikalischen Kulturgeschichte des Politischen (dazu Mergel 2011) sichtbar zu machen. Voraussetzung ist dabei die Annahme, dass Musik gezielt als Medium herrschaftlicher Repräsentation, als Ausdruck von Machtansprüchen durch kommunikative symbolische Praktiken eingesetzt worden ist. Dieser musikalische Ort der Inszenierung herrschaftlicher Macht manifestierte sich dabei in einem nationale wie geografische Grenzen überwindenden Kommunikations- und Handlungsraum eigener Valeur, der immer auch Ort der Identifikation mit wie Abgrenzung von der Personalunion durch die historischen Zeitgenossen sein konnte. Zu analysieren sind somit einerseits die symbolischen Mechanismen bei der Konstruktion übergreifender herrschaftlicher Identität und Macht mittels Musik und der mit ihr verbundenen Medien als Werkzeuge der Kommunikation von freilich begrenzter Reichweite (Rauch 2012). Andererseits gilt es, Prozesse der Aneignung und Abgrenzung, also der Rezeption durch die historischen Zeitgenossen zu untersuchen. Grundsätzlich ist dabei zu berücksichtigen, dass eine Personalunion in puncto symbolischer Kommunikation sehr viel mehr Personen und Institutionen umfasst als lediglich die Person des Königs und Kurfürsten im rechtshistorischen Sinne. Stattdessen geraten hier die weiteren Angehörigen der königlichen Familie in den Blick, sodann Regierungsbeamte auf den unteren Ebenen des Staatsapparats bis hin zu Bildungs- und Sozialeinrichtungen mit dem einzelnen Vermittler, die allesamt vom König finanziell und ideell gefördert worden sind und nicht nur Beiträge zur musikalischen Kultur ihrer Zeit geleistet, sondern diese auch gezielt im Dienste des Königs vermittelt haben.

Vor diesem Hintergrund bieten sich der dezidiert musikhistorischen Personalunionsforschung folgende Gegenstände und Möglichkeiten: So bilden erstens die musikalischen Interessen des Königs und seiner Familie einen dankbaren Gegenstand. Hervorragende Anhaltspunkte bieten hier die musikalischen Bibliotheken des Königs und seiner Familie, deren Musikalien häufig Hinweise auf Mobilität und Kommunikationsnetzwerke bisweilen seltener und kostbarer Notenmanuskripte, -bücher sowie musikalischen Schrifttums bieten. So verläuft ein Hauptstrang der frühen Rezeption von Werken Johann Sebastian Bachs in England eindeutig über Georg III. und seine Gattin Charlotte von Mecklenburg-Strelitz. Generell erlauben solche nicht immer ganz vollständig erhaltenen Bibliotheken Hinweise darauf, was als des Sammelns wert erachtet worden ist. Wird dies im Einzelnen durchaus kulturpolitische Auswirkungen gezeitigt haben, so wäre auch danach zu fragen, welche Musiker, Komponisten, Musiktheoretiker und weitere Musikschriftsteller aus welchen Gründen gefördert worden sind, und schließlich, inwiefern König und Familie ihre musikalischen Interessen in der Öffentlichkeit vermittelt haben.

Direkt mit den musikalischen Interessen der königlichen Familie verbunden ist zweitens das dezidiert für die Personalunion komponierte und/oder aufgeführte musikalische Repertoire. Dazu gehören sowohl Krönungsmusiken, weitere Funktionsmusiken zur Repräsentation herrschaftlicher Macht sowie Musik aus eigentlich anderen Kontexten, die allerdings zu repräsentativen Zwecken eingesetzt worden ist.

Drittens bieten die musikalischen Vermittlerfiguren als oftmals recht eigenständig und sehr unterschiedlich agierende Akteure, ohne die ein Transfer von Musik und musikalischen Wissens kaum denkbar gewesen wäre, einen eigenen Gegenstand, der aufgrund der vielen von der Musikgeschichtsschreibung weitgehend vergessenen Namen oftmals schwer zu erfassen ist. Das hat seine Ursachen auch in der häufig im Laufe der Geschichte arg dezimierten Quellenlage, deren Reste selten ein schlüssiges Gesamtbild zu rekonstruieren erlauben.

Mit diesen musikalischen Vermittlerfiguren sind viertens Bildungs-, Sozial- und Kulturinstitutionen verbunden, in deren Rahmen die musikalischen Vermittler unter anderem agiert haben. Es handelt sich dabei um recht unterschiedliche Institutionen, neben der Hof- und Militärmusik wäre zu denken an Gesellschaften wie die Royal Society, den New Musical Fund und seine Konzerte, an die Concerts of Ancient Music, Glee Clubs und weitere Gesellschaften und Konzertreihen, die von der königlichen Familie gefördert worden sind und deren regelmäßige Mitglieder sie häufig waren. Vergessen werden dürfen in diesem Zusammenhang auch nicht die ebenfalls finanziell und ideell geförderten Bildungseinrichtungen wie Schullehrerseminare und besonders das universitäre Prestigeprojekt der Könige, die 1737 gegründete Georgia Augusta in Göttingen.

Fünftens bildet das Musik reflektierende zeitgenössische Schrifttum eine wichtige, jedoch immer noch zu wenig erforschte Quellengattung, die eine andere Sichtweise auf die vorgestellten Gegenstände häufig aus Perspektive musikalischer Experten erlaubt. Einbezogen werden müssten Schriften, die spezifische musikpolitische Ziele wie die Gründung einer Londoner Musikakademie verfolgt haben, sowie Schriften zur Musiktheorie, -ästhetik und -geschichte. Mit Hilfe der Letzteren lassen sich Tiefenstrukturen und Paradigmen in der reflektierenden Wissenschaft von der Musik aufzeigen, die immer auch eine politische Dimension hatten (vgl. dazu Hentschel 2006).

Bei alledem ist immer ein Augenmerk auf die Mobilität von Musikalien und Musikern durch die Personalunion zu richten. Trotz der erwähnten europäischen Musik- und Musikernetzwerke schon deutlich vor 1714 ist doch in jedem Einzelfall zu prüfen, inwiefern die Personalunion nicht doch Anteil an Mobilitäts- und Migrationsprozessen hatte. Dabei bleiben unterschiedliche Entwicklungen in ihren zeitlichen Dimensionen zu berücksichtigen. Wie im Folgenden zu zeigen ist, erweist sich die Bedeutung Händels und seiner Musik für die Personalunion zwar insgesamt als vielgestaltig, doch ist sie gleichermaßen in unterschiedlichen Zeitabschnitten von unterschiedlicher Qualität gewesen.

3. Fallbeispiele

3.1. Georg Friedrich Händel als Schlüsselfigur

Als der hannoversche Oberstallmeister Adolf von Kielmannsegg am 26. Dezember 1709 in Venedig einer Aufführung von Georg Friedrich Händels Oper *Agrippina* beiwohnte, stand Kurfürst Georg Ludwig bereits seit einiger Zeit an der ersten Stelle der britischen Thronfolge. Vermutlich war es in diesem Zusammenhang eine gut geplante Aktion, dass von Kielmannsegg Händel als Hofkapellmeister nach Hannover verpflichten konnte: Zwar war der Oberstallmeister am hannoverschen Hof mit gewissen Freiheiten ausgestattet, doch die Verpflichtung eines Kapellmeisters gehörte sicher nicht dazu. Es mutet also vielmehr wie eine von langer Hand geplante Aktion an – zumal Händel, der *caro sassone*, dem die Venezianer wegen der vortrefflichen *Agrippina* ebenso zu Füßen lagen wie die Römer in den vorangegangenen zwei Jahren wegen zweier italienischer Oratorien und seines unvergleichlichen Orgelspiels, am hannoverschen Hof mit musikalischen Aufgaben betraut wurde, die diesem frühen Ruhm in keiner Weise entsprachen. Und genau genommen brauchte man in Hannover auch gar keinen Kapellmeister, denn man verfügte bereits über zwei: den Franzosen Jean-Baptiste Farinel und den Belgier Francesco Venturini, der den offenbar häufig abwesenden Farinel regelmäßig vertrat (Waczkat 2006, Sp. 1414).

Händel, zum Zeitpunkt seiner Verpflichtung gerade 24 Jahre alt, hatte in der Tat schon eine bemerkenswerte Karriere hinter sich, als der Ruf aus Hannover kam: Organist am reformierten Dom in Halle, Geiger, Cembalist und Komponist an der Hamburger Gänsemarkt-Oper, Hausmusiker und Komponist des Kardinals Pamphilj in Rom, dem Zentrum der katholischen Welt, und nun auch in Venedig, der Welthauptstadt der Oper in jener Zeit, erfolgreich (Baselt 1988, Marx 2002). Der hannoversche Hof musste entsprechend tief in die Tasche greifen. 1000 Taler Jahresgehalt zahlte man dem aufstrebenden »Star« – sein annähernd gleichaltriger Kollege Johann David Heinichen bekam zehn Jahre später am Dresdner Hof lediglich 200 Taler mehr (Horn 2002, Sp. 1180), und das für ein ungleich größeres Arbeitspensum, denn Händel hatte in Hannover, nachdem die Oper bereits 1698 geschlossen worden war und die übrigen musikalischen Positionen am Hof gut besetzt waren, lediglich für etwas Kammermusik zu sorgen sowie die Prinzessinnen Sophie Dorothea und Caroline, die Gemahlin des späteren Königs Georg II., zu unterrichten. Überdies hatte Händel große Reisefreiheiten für sich aushandeln können. Bereits 1710, im Jahr nach seiner Anstellung in Hannover, konnte er über seine Heimatstadt Halle und Düsseldorf nach London reisen, wo er 1711 seine Oper *Rinaldo* im Queen's Theatre am Haymarket zur Aufführung brachte und von wo er erst im Sommer dieses Jahres, nach weit überschrittener Reisezeit, wieder nach Hannover zurückkehrte. Georg Ludwig scheint es ihm nicht übelgenommen zu haben, denn Händel erhielt sein ausgehandeltes Jahresgehalt ohne Einschränkungen.

Händels musikalisches Talent wird es wohl nicht gewesen sein, das hinter diesen ungewöhnlichen, wenn nicht für ihre Zeit einzigartigen Freiheiten stand. Vielmehr wird Händel, wie es sein Biograph Jonathan Keates dargelegt hat, als unauffälliger Informant für den hannoverschen Hof fungiert haben (Keates 2009, 54). Dazu war Händel in der Tat in einer guten Position. Denn er hatte mit seiner frühen Karriere unter Beweis gestellt, dass er über weltläufige Gewandtheit verfügte und weder konfessionelle noch sprachliche Barrieren zu scheuen brauchte. Und so ist auch leicht zu erklären, dass es Händel schon 1712 wiederum nach London zog, das nun – zunächst bei Fortzahlung des hannoverschen Gehalts – sein ständiger Wohnsitz werden sollte.

In der folgenden Zeit komponierte Händel für das Queen's Theatre seine Opern *Il Pastor fido* und *Teseo*, vor allem aber suchte er erfolgreich die Nähe zur kränkelnden Königin Anna, die ihn 1713 sogar in ihre Dienste nahm. Händel konnte auf diese Weise stets aus erster Hand über die neuesten Entwicklungen am Londoner Hof nach Hannover berichten. Christoph Friedrich Kreienberg, ein um diese Zeit in London weilender hannoverscher Diplomat, teilte dem Kurfürsten in einer teilweise verschlüsselten Botschaft mit, dass Händel »auroit pu etre d'une fort grande utilité« (Marx 2002, Sp. 520f.) – dass er sehr nützlich sein könnte; eine vorsichtig formulierte Bemerkung, die sich aber mit dem Umstand trifft, dass Händel auch noch nach Georg Ludwigs Krönung in London weiterhin das Gehalt bezog, das ihm schon Königin Anna gezahlt hatte. Der König belohnte seinen nützlichen Hofkapellmeister recht großzügig.

Händel wird auf diese Weise zu einer Schlüsselfigur in der musikalischen Geschichte der Personalunion zwischen Hannover und Großbritannien. Gleichzeitig wird deutlich, dass diese musikalische Geschichte zumindest in dieser Zeit mit komponierter oder erklingender Musik recht wenig zu tun hat. Händel wurde in den folgenden Jahrzehnten in London zu einem erfolgreichen Komponisten und Unternehmer in Sachen Musik, doch war seine Tätigkeit vornehmlich an die Opernaufführungen im King's Theatre und dem Covent Garden Theatre gebunden, an die Musik auf adeligen Landsitzen, an die Vergnügungsveranstaltungen in Vauxhall Gardens und ab den späten 1730er Jahren schließlich an die Oratorienaufführungen. Händel hatte jedoch nur einen geringen Anteil an der höfischen Musik in London und bekleidete dort auch kein Amt.

Am prominentesten trat er zu Lebzeiten vielleicht noch bei Festen politischer Inszenierung in Erscheinung. So wurde im Jahre 1717 im Rahmen einer von Georg I. abgehaltenen Lustfahrt auf der Themse eine Folge von Suiten aufgeführt, die heute allgemein als »Wassermusik« bekannt sind. 1727 wurde Händel für die Krönungsfeierlichkeiten Georgs II. verpflichtet, die vier heute gemeinhin als »Coronation Anthems« bekannten Krönungsmusiken zu komponieren, was angesichts der Tatsache, dass bei dem Krönungsgottesdienst bis dato eigentlich nur Werke einheimischer Komponisten erklingen durften, eine große Ehre für den Komponisten bedeuten musste. Weitere durch die Personalunion motivierte Werke waren das 1737 im Rahmen der Trauerfeierlichkeiten für Königin Caroline aufgeführte »Funeral Anthem« und das sogenannte »Dettinger Te Deum« aus dem Jahre 1743. Händel, zu dieser Zeit »Composer of Musick to the Chapel Royal«, ließ es anlässlich der Feierlichkeiten zum Sieg über die französischen Truppen in der Schlacht bei Dettingen in der Chapel Royal of St. James's Palace erklingen. In ähnlichem politischem Zusammenhang steht auch die »Music for the Royal Fireworks«, einer Suite für eine Orchesterbesetzung monumentalen Ausmaßes, die 1749 unmittelbar vor einem aus Anlass des Aachener Friedens abgehaltenen Feuerwerk aufgeführt worden ist.

Dass Händels Musik im Kontext der Personalunion aber zunächst nicht im Zentrum stand, erhellen zwei weitere Beobachtungen. Zunächst gerät leicht aus dem Blick, dass die hannoversche Hofkapelle nach der Übersiedlung Georgs I. nach London ununterbrochen bis zum Ende der Personalunion fortbestanden hat, wenngleich mit unterschiedlicher Leistungsfähigkeit und wechselnden Aufgaben. Der Kapellmeisterposten wurde spätestens 1714, wahrscheinlich aber schon 1712 wieder von Venturini übernommen, der übrigens mit 478 Talern weniger als die Hälfte dessen verdiente, was Händel zuvor bezogen hatte (Sievers 1961, 61). Venturinis Ruf war ausgezeichnet; im Jahr 1718 wurde er mit der Reorganisation der Hofkapelle in Gotha beauftragt, und mit einiger Wahrscheinlichkeit wurde er zur Komposition einer Tafelmusik im Rahmen der Krönungsfeierlichkeiten Georgs II. verpflichtet.[4] Entscheidend aber ist, dass nur sehr wenige Verbindungen von Hannover nach London auf dem Gebiet der Musik bestanden. Zwar wechselten im Verlauf der 123 Jahre der Personalunion gelegentlich Musiker der hannoverschen Hofkapelle nach London, doch im Wesentlichen blieb die hannoversche Hofkapelle eigenständig und bis zum Beginn der französischen Besatzungszeit 1803 auch relativ kontinuierlich mit 20 Musikern besetzt (Konold 1986, 7). Sodann muss auch festgehalten werden, dass trotz der engen Verbindungen Händels Kompositionen erst mit großer Verspätung in Hannover wahrgenommen wurden. Dass von Händels Opern ohnehin kaum etwas auf den Kontinent drang, ist sicherlich den Mechanismen des damaligen Opernbetriebs geschuldet, doch auch die weitaus populäreren Oratorien wurden in Hannover erst dann in erkennbarem Ausmaß rezipiert, als sie ab den 1770er Jahren von Hamburg ausgehend ihren Weg in die Konzertreihen der größeren Städte Nord- und Mitteldeutschlands fanden (Mohnheim 1999, 126f., 146f.).

In diesem Zusammenhang allerdings versuchte man Händel – er war 1759 gestorben und unter größten Ehrenbezeugungen in Westminster Abbey bestattet worden – eindeutig kulturpolitisch zu instrumentalisieren: So wird im 80. Stück der *Hannöverischen Anzeigen* im Jahre 1786 die Aufführung dreier Chorsätze aus Händels *Messiah* ganz im Zeichen symbolischer Repräsentation herrschaftlicher Macht des sein Leben lang von seinen hannoverschen Stammlanden abwesenden Monarchen Georg III. angekündigt: »In dem am 8. Oktober im Redoutensaal gegebenen Concert werden diejenigen Händelschen Chöre verbunden werden, die an dem berühmten musikalischen Feste in London die Aufmerksamkeit Sr. Majestät, unseres gnädigen Königs besonders auf sich zogen, als Gottes Herrlichkeit etc., Der Herr gab das Wort etc., Halleluja, und Würdig ist das Lamm.« (Zit. nach Sievers 1979, 184, ohne Berücksichtigung der typografischen Sperrungen.)

Angesichts der monumentalen Händelaufführungen in London, initiiert durch die Gedächtnisfeierlichkeiten zu Händels 100. Geburtstag im Jahre 1784 – man hatte sich um ein Jahr geirrt –, sah man sich im Kurfürstentum offenkundig dazu herausgefordert, es den Engländern gleichzutun oder sie gar zu übertreffen: So ist wiederum in den *Hannöverischen Anzeigen* die folgende Ankündigung vom 1. Januar des Jahres 1787 überliefert: »Händels, unsers berühmten Landsmanns Geist in seinen Oratorien, hat mit der Hoheit seiner harmonischen Gedanken und seiner unnachahmlich edlen Simplicität nie größere Bewunderung erregt, als bei den bekanten starken Besetzungen, mit welcher die Engländer solche wiederholt executirt haben. Unsere Nachbaren in Berlin und Leipzig folgten hierin dem Beispiel der Engländer und fanden, so weit ihre Kräfte dazu reichten, dies mit Vergnügen bestätigt. Hiervon auch die möglichst vollkommene Idee zu haben, muß ein Wunsch seyn, den ein jeder Freund der Tonkunst ungern bei sich unterdrücken wird. Die Direktion des hiesigen Sonnabendconcerts sieht sich nun durch den zugesagten wohlwollenden und schätzbaren Beistand einer großen Anzahl braver Dilettanten in den Stand gesetzt, dem Publikum drei solcher Oratorien, mit einer Besetzung von wenigstens Einhundert und Zwanzig Instrumenten, anzubieten, bei welchen sie die dazu nöthige Vocalmusik verhältnismäßig anstellen wird. Man kan mit Gewißheit zum voraus versichern, daß der Effekt, auch nur von einer so starken Besetzung in dem schön gebaueten Redoutensaale auf hiesigem Ballhofe, im Ganzen alle Erwartungen übersteigen und vielleicht selbst übertreffen werde, den eine beinahe viermal so starke Besetzung in der Westmünster Kirche zu London, der in der Bauart dieser Kirche liegenden Hindernisse wegen dem Geständniß verschiedener Sachverständiger Zuhörer, zu erreichen nicht im Stande war.« (Zit. nach Sievers 1979, 184–185, ohne Berücksichtigung der typografischen Sperrungen und des originalen Zeilenfalls.)

Händel war somit längst zu einem Nationalkomponisten avanciert, der mehr als die meisten anderen gefeiert wurde – nur dass man heftig darüber stritt, ob er als Engländer oder als Deutscher zu gelten habe (dazu Lütteken 2010).

3.2. Transfer von Musikern und Musikalien

Ein Transfer von Musikern und Musikalien ist direkt auf die musikalischen Interessen der königlichen Familie zurückzuführen. Hier verfolgten insbesondere Georg III. und seine Gattin Charlotte von Mecklenburg-Strelitz ehrgeizige Ambitionen. So veranstaltete der König nächtliche Konzerte in Windsor Castle, das insgesamt von einem »German court style« (Scholes 1949, 79) geprägt schien. Zwar soll er an den Konzerten selbst nicht teilgenommen haben, aber immerhin an der Auswahl der musikalischen Programme beteiligt gewesen sein (ebd.), die auch von seiner Vorliebe für die Musik Händels geprägt gewesen sein sollen. Das als »The King's Band« bezeichnete königliche Privatorchester konnte von einem kleinen, jedoch mit einer Orgel ausgestatteten Konzertsaal in Windsor Castle profitieren. Mit normalerweise 31 Musikern war dieses Hoforchester recht stark besetzt, in besonderen Fällen konnte es mit dem Orchester der Königin, genannt »The Queen's Band«, zusammengelegt werden (ebd., 81). Dieses Ensemble entsprach im Vergleich zum Hoforchester des Königs zwar einem zahlenmäßig deutlich reduzierten Klangkörper mit 16 Mitgliedern im Jahre 1783. Dafür setzte es sich allerdings weitgehend aus Virtuosen und musikalischen Experten zum Großteil deutscher Provenienz zusammen. So wird am 8. November 1783 in Carl Friedrich Cramers *Magazin der Musik* über Zusammensetzung und musikalische Sozialisation der Mitglieder Folgendes mitgeteilt: »Nachricht von der Capelle Ihro Majest[ät]. der Königin von England. Directeur. Herr Carl Fried[rich] Abel, spielt bey Concerten den Flügel, ausser diesem aber ist er Solo=Spieler auf der Viola da Gamba, und, wie bekannt, der jetzt größeste auf diesem Instrumente. Herr Johann Samuel Schröter, Solo=Spieler auf dem Flügel. Bey der ersten Violine. Hr. Wilhelm Cramer, Hr. Georg Griesbach, aus Coppenbrügge. Schüler des Hrn Cramers, und seines großen Meisters würdig. Hr. Heinrich Pick, aus Northeim, ist sonst auch Solo=Bläser auf dem Clarinet, welches er mit vieler Fertigkeit und in einem besonders schönen Ton bläset. Bey der zweyten Violine. Hr. Friedrich Nicolai, ist zugleich Bibliothecarius über der Königin Music. Hr. Wagener aus Hannover, ist ein sehr fertiger Geiger. Hr. Miller aus Nienburg. Bey der Bratsche. Hr. Papendick aus Hannover, ist auch Solo=Bläser auf der Flöte, die er mit sehr vieler Fertigkeit bläset. Ist ein Scholar von Wendling. Hr. Roest aus Erfurt. Bey der Oboe. Hr. Johan Christian Fischer. Hr. Kellner aus Weimar, Scholar des grossen Fischer, den er auch durch sein vortrefliches Spiel und Ton viele Ehre macht. Beym Waldhorn. Hr. Miller aus Erfurt, Scholar des großen Pieltain in Paris, Bruder des berühmten Geigers. Hr. Millers Stärke auf diesem Instrument gränzet nahe an der seines Lehrmeisters Hr. Zink aus Erfurt. Beym Violoncell. Hr. Crosdill aus England, bekanntlich einer der größesten Spieler auf diesem Instrument. Hr. Heinrich Griesbach aus Coppenbrügge, ein würdiger Schüler des Hrn Crosdill. Beym Contrabaß. Hr. Neighboue, aus Nienburg. Man wird selten einen finden, der dieß Instrument besser spielt. [...] Der Prinz von Mecklenburg Schwerin machte bey dem Hierseyn Ihro Majest[ät]. dem König das Compliment, daß er niemals eine Capelle gehöret oder gesehen, die mit solcher Activität spielten, als diese, davon aber die Ursache ist, daß sie täglich fast zusammen spielen, und sich also einander genau kennen« (Cramer 1783, 1037–1039, ohne Berücksichtigung des originalen Zeilenfalls und typografischer Besonderheiten, Ergänzungen in eckigen Klammern durch die Autoren).

Die Quelle belegt somit den hohen Anteil deutscher Musiker in Charlottes privatem Hoforchester – ein Anteil, der wohl nicht nur der Herkunft der aus deutschsprachigem Raum stammenden Königin, sondern auch ihren damit verbundenen musikalischen Vorlieben geschuldet ist: So zeichnete der Musiker Friedrich Nicolai – nicht zu verwechseln mit dem Herausgeber der »Allgemeinen Deutschen Bibliothek« in Berlin – in seiner Funktion als »Bibliothecarius« zugleich verantwortlich dafür, dass Kopien von einigen der wenigen heute bekannten Abschriften von Werken Johann Sebastian Bachs ausdrücklich für die Königin angefertigt worden sind. Darunter waren das *Wohltemperierte Clavier*, der dritte Teil der *Clavierübung* sowie ein großbesetztes *Credo* (Tomita 2004, 64, 106–108). Neben ihren Aufgaben als Hofmusiker konnten die Mitglieder der »Queen Charlotte's Band« freilich in Londons vielfältigem Musik- und Konzertleben reüssieren. So wirkten namentlich Carl Friedrich Abel, Johann Christian Bach und Johann Samuel Schröter auch außerhalb des Hofes erfolgreich als Virtuosen und Komponisten; von Bach und Schröter hat noch Wolfgang Amadeus Mozart Werke bearbeitet.

Als lebhafte Metropole war London für viele Komponisten vom europäischen Festland überaus attraktiv, da umtriebige Konzertveranstalter stets auf der Suche nach neuer, für das verwöhnte Londoner Publikum hörenswerter Musik waren. Den auch als Musiklehrer der Königin gestandenen Johann Christian Bach, der mit C.F. Abel einst die berühmten »Bach-Abel Concerts« begründet hatte, zog es auf jene Weise ebenso dorthin wie später Joseph Haydn. Komponisten aus hannoverschem Gebiet konnten mit solchen musikalischen Größen nur selten konkurrieren. Die dauernde Abwesenheit der Kurfürsten hatte zwar nicht zu einer Auflösung der Hofkapelle geführt, doch, wie ein Bericht in der *Allgemeinen Musikalischen Zeitung* von 1808 bezeugt, war das musikalische Niveau im Verlauf der Jahrzehnte mehr als dürftig geworden. Eine Ausnahme davon bildeten die in Hannover geborenen Brüder Jacob und Friedrich Wilhelm Herschel. Beide dienten in der Regimentskapelle der hannoverschen Infanterie: Jacob als Organist, Friedrich Wilhelm als Oboist und Geiger (Lubbock 1933, 4). Beide kamen zum ersten Mal nach Großbritannien, als das Regiment bei Ausbruch des Siebenjährigen Krieges von Hannover dorthin verlegt wurde; nach der Rückkehr nach Hannover reisten beide unmittelbar wieder nach London zurück. Obwohl Jacob Herschel trotz dreimaliger Reise nach London keine feste Position als Musiker erreichen konnte und im Jahre 1759 nach Hannover zurückkehrte (ebd., 13), hat er dennoch als Vermittler zwischen den Musikern Hannovers und Londons fungiert: So hat er – vermittelt über eine weitere, jedoch unbekannte Mittlerfigur – den Auftrag König Georgs III., Musiker für ein kleineres Bläserensemble auszuwählen, direkt an Georg Griesbach aus Coppenbrügge weitergeleitet (Jarvis 2007, 43 ff.). Griesbach beherrschte zahlreiche Instrumente: Violine, Violoncello, Klarinette, Oboe, Englischhorn, Posaune, Trompete und Tasteninstrumente. Er wird auch noch aus einem anderen Grund von Jacob Herschel für das zu gründende Ensemble in London, aus dem schließlich »The Queen's Band« hervorgegangen ist, vorgeschlagen worden sein: Sein Bruder Joachim Heinrich Griesbach war verheiratet mit Sophia Herschel (Hoskin 2007, VI, 7–12).

Anders als seinem Bruder Jacob Herschel gelang es Friedrich Wilhelm jedoch, verschiedene einträgliche Positionen zu erhalten: Er war Direktor der Subskriptionskonzerte in Leeds, Organist und Dirigent in Bath, und 1782 wurde er in die *Royal Society* in London aufgenommen (Stöck 2002, Sp. 1431). 1793 schließlich erwarb er die britische Staatsbürgerschaft und trug fortan den Vornamen William, seit 1816 sogar im Adelsstand als Sir William Herschell. Schon in Jugendzeiten hatte sich Friedrich Wilhelm für eine Vielzahl von Wissenschaften und Künsten interessiert, während Jacob sich ausschließlich auf die Musik konzentrierte (Lubbock 1933, 4). Insbesondere übernahm Friedrich Wilhelm von seinem Vater das große Interesse an der Astronomie, die er auch in seiner Zeit in Großbritannien intensiv betrieb und die nach seiner Aufnahme in die Royal Society sein einziger Lebensinhalt werden sollte. Bekannt ist, dass es Herschel war, der 1781 den Planeten Uranus entdeckte; weniger bekannt ist, dass Herschel den Himmelskörper zunächst seinem König zu Ehren »Georgium Sidus« (ebd., 122) nannte: Stern Georg. Es ist nun interessant, in den parallelen Biographien nach den Gründen für Erfolg bzw. Misserfolg der beiden Herschels in London zu forschen, denn darin könnte auch eine weitere Erklärung zu finden sein, warum letztlich relativ wenige hannoversche Musiker in Großbritannien erfolgreich waren. Zumindest einen Anhaltspunkt nennt Jacob selbst in seinen Erinnerungen: London sei in jenen Jahren ganz einfach mit Musikern überschwemmt gewesen (ebd., 13). Friedrich Wilhelm hatte das Glück, von einer Vakanz in einem Orchester zu erfahren – aber solch ein günstiges Schicksal wurde offenbar nur wenigen Musikern zuteil. Auch aus der Spätzeit der Personalunion ist zumindest ein ähnliches Schicksal bekannt: das des Geigers Christoph Gottfried Carl Kiesewetter. Kiesewetter war ein weitgereister Musiker, konzertierte 1800 in Amsterdam, wurde 1806 Konzertmeister der Oldenburger Hofkapelle und wechselte 1812 in dieselbe Funktion der hannoverschen Hofkapelle, um diese nach dem Niedergang während der französischen Besatzungszeit zu reorganisieren (Frick 2009, 249). Auf seine Initiative hin wurde 1815 zum ersten Mal Ludwig van Beethovens Dritte Sinfonie, die »Eroica«, in Hannover gespielt. 1822 ging auch Kiesewetter in der Hoffnung auf bessere Arbeitsmöglichkeiten nach London, eine Hoffnung freilich, die sich nicht erfüllen sollte. Inwieweit sein Charakter daran einen Anteil hatte, lässt sich nicht mehr ermessen; doch immerhin sei erwähnt, dass Kiesewetter von seinem Kollegen Louis Spohr zwar für sein Violinspiel gelobt, ansonsten aber als »der aufgeblasenste Windbeutel, der mir bis jetzt vorgekommen ist« (Spohr 1860, 223), bezeichnet wurde.

3.3. Musikgeschichte

Als sehr viel nachhaltiger sollte sich der musikbezogene Austausch innerhalb der Personalunion auf dem Gebiet der noch jungen akademischen Disziplin der Musikgeschichte erweisen, wenngleich es sich hier weitgehend um eine einseitige Aufnahme englischer Schriften im deutschsprachigen Raum handelt. Ausgehend von den Konzepten der »General Histories of Man«, wie sie in Großbritannien seit dem späten 17. Jahrhundert in immer größerer Zahl erschienen waren,[5] entwickelten John Hawkins und Charles Burney ihre Konzepte einer »General History of Music«, in denen sie in vergleichbarer Weise versuchten, das gesamte Wissen über die Musik aller Zeiten zusammenzutragen (Hentschel 2012, 243). Diese Konzepte wurden namentlich an der Universität Göttingen mit Interesse verfolgt, wo der Historiker August Ludwig Schlözer 1772 seine *Vorstellung einer Universal-Historie* im Druck publizierte und wo der Universitätsorganist und spätere akademische Musikdirektor Johann Nikolaus Forkel an einer *Allgemeinen Geschichte der Musik* arbeitete. Forkel war 1769 als Student für Jura an der Universität Göttingen immatrikuliert worden, doch hatte er wohl nie ein ernsthaftes Interesse für dieses Fach entwickelt. Schon 1770 verwaltete er für drei Jahre das Amt des Universitätsorganisten; von 1779 an war er akademischer Musikdirektor an der Georgia Augusta (Fischer 2001, Sp. 1460). Forkels Interesse an der Musikgeschichte lag begründet in den Vorlesungen »Über die Theorie und Geschichte der Musik«, die er nach einem ersten Versuch 1772/73 von 1777 an regelmäßig ankündigte. Seine Forschungen gründete er dabei ganz wesentlich auf die Schriften von Hawkins und Burney, die kurz zuvor erschienen waren: Hawkins' *A general history of the science and practice of music* kam in fünf Bänden 1776 zum Druck, Charles Burney veröffentlichte im selben Jahr den ersten Band seiner *A general history of music: from the earliest ages to the present period*, deren weitere drei Bände von 1782 bis 1789 erschienen.

Beide Arbeiten waren sehr bald nach ihrem Erscheinen in der Göttinger Universitätsbibliothek vorhanden und wurden ausweislich der Ausleihregister vielfach von Forkel ausgeliehen; beide Bände hatte er zudem in der von ihm selbst herausgegebenen *Musikalisch-kritischen Bibliothek* auch in umfangreichen Rezensionen einem breiten Publikum nahegebracht (Forkel 1778/79). Schon bald danach, nämlich 1784, kündigte Forkel einen ersten Band seiner *Allgemeinen Geschichte der Musik* an, der jedoch erst 1788 erscheinen sollte. Dabei blieb Forkel freilich so eng Burneys Darstellung verpflichtet, dass man diesen ersten Teil als ein »weiträumiges Plagiat« (Wiener 2009, 193–257) von Burneys *General History* bezeichnen muss. Dennoch besteht Forkels wissenschaftliche Leistung in der anderen Anordnung und der kritischen Kommentierung übernommener Textstellen (ebd.).

Dass Forkel überhaupt Zugang zu den Schriften von Hawkins und Burney hatte, ist freilich keine Selbstverständlichkeit, sondern der Besonderheit der Göttinger Universität geschuldet, in ihrer ohnehin exzellent ausgestatteten Bibliothek über die sicherlich größte Sammlung englischsprachiger Bücher außerhalb Großbritanniens zu verfügen (Müllenbrock 1988). Nicht zuletzt aus diesem Grund war die Universität Göttingen besonders in der Zeit der Personalunion attraktiv für englische Studenten. Allerdings darf in diesem Zusammenhang nicht übersehen werden, dass der wechselseitige Austausch von Büchern und Musikalien nicht lediglich über

Netzwerke der Bibliothek funktionieren musste, sondern auch durch persönliche Kontakte, die Forkel mit seinen nicht nur deutschen Studierenden knüpfen konnte. So ist belegt, dass Forkel Bekannte in London gehabt hat – Kontakte, auf die er schon bei der Abfassung des Manuskripts seiner Bach-Biographie um 1802 hinsichtlich einer bereits zu dieser Zeit geplanten englischen Übersetzung vertrauen konnte. Es scheint allgemein bekannt gewesen zu sein, dass Forkel über solche bei Verlegern und Musikgelehrten heiß begehrten direkten Kontakte nach England verfügt hat. So hat ihn der Verleger Hoffmeister darum gebeten, seiner an Bekannte in London adressierten Post einen Verlagskatalog Hoffmeisters zwecks Netzwerkbildung beizulegen (vgl. Stauffer 1990, 58).

4. Ausblick

Zu Forkels Studenten zählten auch die beiden Prinzen Ernst August und Adolf Friedrich, die zwischen 1786 und 1791 an der Georgia Augusta studierten. Beide hörten Forkels Vorlesungen und hatten vermutlich auch privaten Musikunterricht bei ihm; wahrscheinlich besuchten sie darüber hinaus regelmäßig die von Forkel veranstalteten akademischen Winterkonzerte (Fischer 2000). Die Konzerte zeichneten sich, wie in dieser Zeit allgemein üblich, durch ein sehr abwechslungsreiches Programm aus, das von einem mit Studenten, Göttinger Bürgern und Militärmusikern besetzten Orchester sowie von Forkel am Hammerflügel bestritten wurde. Am Ende ihrer Göttinger Studienzeit – so zumindest weiß es eine Anekdote – erwies Forkel den beiden Prinzen zum Abschied eine musikalische Ehre: Am Schluss des Konzerts ließ er das Publikum ein »englisches Volkslied« singen, über dessen Melodie er anschließend am Hammerflügel eine Folge von Variationen improvisierte – das Lied war *God save the King*. Forkel ließ diese als *Vier und zwanzig Veränderungen fürs Clavichord oder Forte-piano auf das englische Volkslied God save the King* noch 1791 im Druck erscheinen; eine zweite, davon unabhängige Folge von zwölf »Veränderungen«, datiert auf 1813, ist handschriftlich in der Göttinger Universitätsbibliothek erhalten.

Letztendlich bleibt es fraglich, ob sich Forkel der ambivalenten Bedeutungsdimensionen der von ihm variierten Melodie bewusst gewesen ist: Einerseits wurde »God save the King« als Lobeshymne auf den König sowohl in Großbritannien als auch im Kurfürstentum nahezu zelebriert (Kurzke 2003, 6ff.). Andererseits war dieser Song zumindest in England von hochpolitischer Brisanz: Denn den frühen historiographischen Quellen zufolge nahmen die Zeitgenossen bisweilen Anstoß daran, dass die Hannoveraner auf dem englischen Thron einfach den vorgefundenen »old english tune« frei nach ihrer Façon hätten umdichten lassen, um durch die Beibehaltung der Melodie eine gewisse Kontinuität zur Legitimierung ihrer Herrschaft zu konstruieren. Bemerkenswerterweise ist die Melodie mit neuem satirischem Text jedoch auch von der politischen Gegenpartei der Stuarts eingesetzt worden – und zwar ausdrücklich gegen die Könige aus Hannover (Clark 1822, Gentleman's Magazine 1814, 41–45; 1825, 205–206; 1836, 369–374).

Somit wird abschließend deutlich, dass Musik im Kontext der Personalunion zwar grenzübergreifend Identität, Kontinuität und Legitimität der Herrschaft inszenieren sollte. Und wodurch wäre dies besser zu gewährleisten gewesen als durch eine leicht nachsingbare Melodie, die alle Menschen erreichen konnte und sogar in Form von Klaviervariationen dem Geschmack wohlsituierter Bürger in ihren an Bildungsmedien reich ausgestatteten Wohnstuben schmeicheln konnte? Allerdings hatte die Musik als Medium eigener Valenz doch ihren Preis: Gerade im Falle der wortlosen Instrumentalmusik muss es fraglich bleiben, welche Bedeutungsdimensionen durch die Melodie vermittelt worden sein mögen: Sie konnte wohl gleichermaßen als Mittel der Aneignung wie der Abgrenzung, als Mittel der Inszenierung, aber auch der Destabilisierung fungieren.

Anmerkungen

1 Der vorliegende Text beruht in Teilen auf einem für den Katalog zur Landesausstellung 2014 entstandenen Beitrag, in dem der musikalische Austausch zwischen Hannover und Großbritannien dargestellt wird.

2 Gegenüber diesen beiden konträren Positionen gehen andere Autoren davon aus, dass zwischen England und Hannover grundsätzlich überhaupt keine Auswirkungen festgestellt werden können (Wellenreuther 1995, 23f.).

3 Ähnlich argumentiert Riotte allgemein in Bezug auf die Frage, ob sich ein Kulturtransfer durch die Personalunion konzeptionell fassen lassen könne (vgl. Riotte 2012).

4 So immerhin angekündigt im Daily Journal, Wednesday, October 18, 1727, Issue 2110. Möglicherweise ist hier aber auch Venturinis Sohn August gemeint, dessen Aufenthalt in London für das Jahr 1727 belegt ist. Für diesen Hinweis sei Benjamin Bühring herzlich gedankt.

5 Z. B. William Howel: An Institution Of General History, Or The History Of The World. London 1680; William Guthrie und John Gray: A general history of the world from the creation to the present time. 9 Bde., London 1764/65.

Literatur

Baselt, Bernd: Georg Friedrich Händel. Leipzig 1988.

Clark, Richards: An Account of the National Anthem Entitled God save the King! With Authorities taken from Sion College Library, the ancient Records of the merchant tailor's Company, the old Cheque-Book of his Majesty's Chapel, &c. Selected, edited and arranged by Richards Clark, Gentleman of His Majesty's Chapels Royal, Deputy Vicar Choral of St. Paul's Cathedral, and of Westminster Abbey, and Secretary to the Glee Club. London 1822.

Cramer, Carl Friedrich (Hrsg.): Magazin der Musik, Erster Jahrgang. Zweyte Hälfte. Hamburg 1783.

Dies, Albert Christoph: Biographische Nachrichten von Joseph Haydn. Wien 1810.

Fischer, Axel: Johann Nikolaus Forkel. In: Die Musik in Geschichte und Gegenwart. Zweite neubearbeitete Ausgabe. Personenteil Bd. 6. Kassel 2001, Sp. 1460.

Fischer, Axel: Johann Nikolaus Forkels ›Akademische Winter-Concerte‹ und das Göttinger Musikleben um 1800. In: Arnfried Edler und Joachim Kremer (Hrsg.): Niedersachsen in der Musikgeschichte. Zur Methodologie und Organisation musikalischer Regionalgeschichtsforschung. Augsburg 2000, 197–209.

Forkel, Johann Nikolaus: Musikalisch-kritische Bibliothek. Bd. II/III. [Gotha] 1778/79.

Frick, Friedrich: Kleines biographisches Lexikon der Violinisten. Vom Anfang des Violinspiels bis zum Beginn des 20. Jahrhunderts. Norderstedt 2009, 249.

Gerhard, Anselm: London und der Klassizismus in der Musik. Die Idee der ›absoluten‹ Musik und Muzio Clementis Klavierwerk. Stuttgart u. a. 2002.

Hentschel, Frank: Bürgerliche Ideologie und Musik. Politik der Musikgeschichtsschreibung in Deutschland 1776–1871. Frankfurt a. M., New York 2006.

Hentschel, Frank: Modularisierte Musikgeschichte. In: Sandra Danielczyk u. a. (Hrsg.): Konstruktivität von Musikgeschichtsschreibung. Hildesheim 2012, 241–260.

Horn, Wolfgang: Johann David Heinichen. In: Die Musik in Geschichte und Gegenwart. Zweite neubearbeitete Ausgabe. Personenteil Bd. 8. Kassel 2002, Sp. 1180.

Hoskin, Michael: The Herschels of Hanover. Cambridge 2007.

Jarvis, F. Anne M. R.: German Musicians in London, c. 1750–c. 1850. In: Adolf M. Birke u. a. (Hrsg.): Migration and Transfer from Germany to Britain, 1660–1914 (= Prinz-Albert-Forschungen 3). München 2007, 37–47.

Keates, Jonathan: Handel. The man and his music. 4. Auflage, London 2009, 54.

Konold, Wulf: Die hannoversche Hofkapelle. Von den Anfängen bis in die napoleonische Zeit 1636–1815. In: Niedersächsisches Staatstheater Hannover (Hrsg.): Das niedersächsische Staatsorchester Hannover 1636 bis 1986. Hannover 1986.

Kurzke, Hermann: Nationalhymnen sind säkularisierte Kirchenlieder. In: Cornelia Kück und Hermann Kurzke (Hrsg.): Kirchenlied und nationale Identität. Tübingen 2003, 1–22.

Leisinger, Ulrich: August Friedrich Christoph Kollmann. In: Die Musik in Geschichte und Gegenwart. Zweite neubearbeitete Ausgabe. Personenteil Bd. 10. Kassel u. a. 2003, Sp. 456–458.

Lipphardt, Veronika, und David Ludwig: Wissens- und Wissenschaftstransfer. In: Institut für Europäische Geschichte (IEG, Hrsg.): Europäische Geschichte Online (EGO). Mainz 2011/2012. URL: http://www.ieg-ego.eu/lipphardtv-ludwigd-2011-de URN: urn:nbn:de:0159-2011081833.

Lubbock, Constanze Ann: The Herschel Chronicle. The life-story of William Herschel and his sister Caroline. Cambridge 1933.

Lütteken, Laurenz: ›Stolzer Britten Ruhm‹ – Händels Weg nach England. Göttinger Händel-Beiträge 13, 2010, 1–15.

Marx, Hans Joachim: Georg Friedrich Händel. In: Die Musik in Geschichte und Gegenwart. Zweite neubearbeitete Ausgabe. Personenteil Bd. 8. Kassel 2002, Sp. 511–519.

Mergel, Thomas: Kulturwissenschaft der Politik: Perspektiven und Trends. In: Friedrich Jaeger und Jörn Rüsen (Hrsg.): Handbuch der Kulturwissenschaften, Sonderausgabe, Bd. 3: Themen und Tendenzen. Stuttgart u. a. 2011, 413–425.

Middell, Matthias: Von der Wechselseitigkeit der Kulturen im Austausch. Das Konzept des Kulturtransfers in verschiedenen Forschungskontexten. In: Andrea Langer und Georg Michels (Hrsg.): Metropolen und Kulturtransfer im 15./16. Jahrhundert. Prag – Krakau – Danzig – Wien (= Forschungen zur Geschichte und Kultur des östlichen Mitteleuropa 12). Stuttgart 2001, 15–51.

Mohnheim, Annette: Händels Oratorien in Nord- und Mitteldeutschland im 18. Jahrhundert. Eisenach 1999.

Müllenbrock, Heinz-Joachim u. a. (Hrsg.): Englische Literatur in der Göttinger Universitätsbibliothek des 18. Jahrhunderts. Göttingen 1988.

Müller, Sven Oliver: Musik als nationale und transnationale Praxis im 19. Jahrhundert. Journal of Modern European History 5/1, 2007, 22–38.

Rauch, Stefanie: Gedanken zu den medialen Grenzen des Notendrucks. In: Marleen Hoffmann, Joachim Iffland und Sarah Schauberger (Hrsg.): Musik 2.0. Die Rolle der Medien in der musikalischen Rezeption in Geschichte und Gegenwart (= Beiträge zur Kulturgeschichte der Musik 5). München 2012, 46–60.

Riotte, Torsten: Transfer durch Personalunion: Großbritannien-Hannover 1714–1837. Europäische Geschichte Online (EGO), hrsg. vom Leibniz-Institut für Europäische Geschichte (IEG), Mainz 2012. URL: http://www.ieg-ego.eu/riotte-2012-de URN: urn:nbn:de: 0159-2012051401.

Schmale, Wolfgang: Kulturtransfer. In: Europäische Geschichte Online (EGO), hrsg. vom Leibniz-Institut für Europäische Geschichte (IEG), Mainz 2012. URL: http://www.ieg-ego.eu/schmalew-2012-de URN: urn:nbn:de:0159-2012103101.

Scholes, Percy A.: George the Third as Music Lover. The Musical Quarterly 28 (1), 1942, 78–92.

Sievers, Heinrich: Die Musik in Hannover. Hannover 1961.

Sievers, Heinrich: Hannoversche Musikgeschichte. Dokumente, Kritiken und Meinungen. Bd. I: Von den Anfängen bis zu den Befreiungskriegen. Tutzing 1979.

Sievers, Heinrich: Hannoversche Musikgeschichte. Dokumente, Kritiken und Meinungen. Bd. II: Vom Ende des 18. Jahrhunderts bis zur Auflösung des Königreichs Hannover. Tutzing 1984.

Spohr, Louis: Louis Spohr's Selbstbiographie. Kassel 1860.

Stauffer, George B. (Hrsg.): The Forkel – Hoffmeister & Kühnel Correspondence. A Document of the early 19th-century Bach Revival. New York, London, Frankfurt a.M. 1990.

Stieglitz, Annette von: Hof ohne Fürsten. Residenzleben in Hannover unter Georg I. und Georg II. In: Rex Rexheuser (Hrsg.): Die Personalunion von Sachsen-Polen 1697–1763 und Hannover-England 1714–1837. Ein Vergleich (= Deutsches Historisches Institut Warschau. Quellen und Studien Bd. 18). Wiesbaden 2005, 369–388.

Stöck, Gilbert: Herschel (Familie). In: Die Musik in Geschichte und Gegenwart. Zweite neubearbeitete Ausgabe. Personenteil Bd. 8. Kassel 2002, Sp. 1431.

Tomita, Yo: The Dawn of the English Bach Awakening manifested in Sources of the ›48‹. In: Michael Kassler (Hrsg.): The English Bach Awakening. Knowledge of J.S. Bach and his Music in England 1750–1830. Burlington 2004, 35–167.

Waczkat, Andreas: Francesco Venturini. In: Die Musik in Geschichte und Gegenwart. Zweite neubearbeitete Ausgabe. Personenteil Bd. 16. Kassel 2006, Sp. 1414–1415.

Wellenreuther, Hermann: Von der Interessenharmonie zur Dissoziation. Kurhannover und England in der Zeit der Personalunion. Niedersächsisches Jahrbuch für Landesgeschichte 67, 1995, 23–42.

Werner, Michael, und Bénédicte Zimmermann: Vergleich, Transfer und Verflechtung. Der Ansatz der Histoire croisée und die Herausforderung des Transnationalen. Geschichte und Gesellschaft. Zeitschrift für Historische Sozialwissenschaft 28, 2002, 607–636.

Wiener, Oliver: Apolls Musikalische Reisen. Zum Verhältnis von System, Text und Narration in Johann Nikolaus Forkels Allgemeiner Geschichte der Musik (1788–1801). Mainz 2009, 193–257.

Großbritannien und das Jubiläum zur 300-jährigen Wiederkehr der protestantischen Sukzession, 1714–2014

Torsten Riotte

1. Einleitung

Am 1. August 1814 feierte London das 100-jährige Jubiläum der Thronbesteigung des Hauses Braunschweig-Lüneburg. Massen strömten in die Parks der britischen Hauptstadt. Während im »Green Park« rund 12.000 Eintrittskarten für eine exklusive Festgesellschaft vergeben worden waren, konnten sich im nahe gelegenen Hyde Park Besucher und Bewohner der Stadt vergnügen, ohne für den Zugang bezahlen zu müssen. Neben unzähligen Ständen mit Erfrischungen und Speisen wurde der Flug eines Heißluftballons als Attraktion angekündigt. Wie bewusst die Thronbesteigung der welfischen Dynastie den Besuchern der Festveranstaltungen in diesem Zusammenhang war, ist schwer zu beurteilen. Die Tageszeitungen berichteten von den zu erwartenden Schwierigkeiten einer Massenveranstaltung in der Metropole. Sitzmöglichkeiten fehlten, Zugänge zu den Parks waren versperrt oder verstopft. Im Verlauf des Tages führten lange Wartezeiten und – vermutlich – Alkoholkonsum zu Ausschreitungen, die einen erhöhten Polizeieinsatz notwendig machten.[1]

Bemerkenswert erscheint allerdings ein anderer Aspekt. Denn gefeiert wurde, so konnte man auf den Inschriften der Königlichen Loge im Green Park lesen, nicht allein das Jubiläum der Thronbesteigung. »Friede« prangte in großen Buchstaben als Inschrift auf der Loge. Der Krieg gegen das napoleonische Frankreich schien mit dem Vertrag von Paris zwischen den Alliierten und dem französischen Kaiser ein Ende gefunden zu haben. Nach mehr als zwanzig Jahren fast ununterbrochenen Krieges waren die militärischen Handlungen eingestellt. Die Hoffnung auf Frieden hatte sich vorläufig erfüllt.[2] Und auch das inszenierte Spektakel, das den Zuschauern in London geboten wurde, hatte mit Kurfürst Georg Ludwig und dem Anspruch des Hauses Hannover auf den britischen Thron nichts zu tun. Auf dem *Serpentine-Lake*, einem künstlich angelegten See im Hyde Park, wurde mit einer Inszenierung der Schlacht von Abukir an den Sieg Admiral Nelsons vom 1. August 1798 erinnert und die Seemacht Großbritannien als Sieger vom Nil in Szene gesetzt.

Dies bedeutet nicht, dass das Königshaus nicht sichtbar war. Königin Charlotte und ihre Kinder zeigten sich in der Öffentlichkeit. Prinzregent Georg, der spätere König Georg IV., ließ sich unter anderem durch ein Reiterstandbild als Sieger über Napoleon feiern. Nur der schwerkranke Monarch Georg III. blieb hinter den Mauern des Schloss Windsor verborgen.[3] Doch die Kritik, die die Veranstaltung im Vorfeld in Parlament und Teilen der Presse hervorgerufen hatte, liefert einen Hinweis darauf, dass sich die Dynastie der Welfen nicht feiern lassen konnte, ohne mit Angriffen von Seiten der Opposition rechnen zu müssen. Der Karikaturist George Cruikshank illustrierte diese kritische Haltung eines Teils der Öffentlichkeit gegenüber dem Königshaus in seiner Karikatur »The modern Don Quixote, or the Fire King«, die kurz nach der Festveranstaltung 1814 erschien. Neben viel Feuerwerk und einer Reihe politischer Persönlichkeiten sticht das große Schaukelpferd in der Mitte der Abbildung hervor. Der Prinzregent und mit ihm Minister Yarmouth sitzen mit verbundenen Augen auf einem Holzpferd, einer Anspielung auf das aufgestellte Reiterstandbild, und spielen Kriegshelden, während die Festveranstaltungen aus dem Ruder laufen. In der Karikatur stürzt der Heißluftballon ab und die aufwendigen chinesischen Bauten gehen in Flammen auf, was nur bedingt der journalistischen Berichterstattung über den Verlauf der Feierlichkeiten entspricht.[4]

Es soll nachfolgend nicht um die kritische Haltung gehen, die ein Teil der Zeitgenossen und auch die britische Geschichtswissenschaft viele Jahrzehnte hindurch gegenüber dem Haus Hannover an den Tag gelegt hat.[5] Statt einer Darstellung der gesellschaftlichen und historiographischen Auseinandersetzung mit der Dynastie aus Deutschland seit 1714 soll beschrieben werden, wie die britische Öffentlichkeit in diesem Jahr, 2014, das 300-jährige Jubiläum der Thronbesteigung Georg Ludwigs feiert. Dabei wird deutlich werden, dass es in Hinblick auf das Haus Hannover analog zu den oben geschilderten Feierlichkeiten am Ende der Napoleonischen Kriege eine ganz typisch britische Reaktion zu sein scheint, die Dynastie aus Deutschland nie alleine und ausschließlich in den Mittelpunkt von Festveranstaltungen zu stellen. 2014 wird nicht der Sieg über Napoleon oder der Jahrestag der Schlacht von Abukir bemüht, um die welfische Thronfolge in Erinnerung zu rufen. Aber die Ausstellungen »Georgians Revealed« in der *British Library* sowie »The First Georgians: Art & Monarchy 1714–1760« der *Royal Collection* zeigen, dass man das Jubiläum erneut nutzt, um eine britische Geschichte zu erzählen, in der das Haus Hannover nicht allein die Hauptrolle einnimmt.[6] In drei Schritten lässt sich dies darstellen. Erstens sollen die Schwerpunkte der beiden angeführten Ausstellungen beschrieben werden. Die Monarchie spiele eine Rolle in der Konzeption, so die Kuratorin Amanda Goodrich in ihrer Beschreibung der Jubiläumsausstellung in der *British Library*. Aber es seien weiterführende gesellschaftliche Fragen, die stärker im Mittelpunkt ständen als die Biographie der Könige, Königinnen, Prinzen und Prinzessinnen.[7] Zweitens sollen einige Überlegungen angebracht werden, warum dies so ist, wieso das Biographische und vor allem die politische

Rolle der Monarchie aus diesen Veranstaltungen verschwinden und andere Themen in den Vordergrund rücken. Hierfür lassen sich parallele Entwicklungen in der Geschichtswissenschaft aufzeigen, die die Verbindungen zwischen Staaten zunehmend in neuen Kategorien beurteilt. Nicht mehr die Bedeutung der Personalunion für Außenpolitik und internationale Beziehungen, sondern Formen des Austauschs und der Begegnung zwischen beiden Staaten stehen im Mittelpunkt des Forschungsinteresses. Und drittens soll abschließend danach gefragt werden, welches Potenzial und welche Gefahren in einem solchen Umgang liegen. Beide Ausstellungen und auch die in Kooperation mit der *Royal Collection* geplante dreiteilige Fernsehserie der BBC nutzen das Ereignis der Thronbesteigung, um große gesellschaftliche Umwälzungen zu thematisieren. Geht ein Verständnis für die dynastische Verbindung dadurch verloren? Oder eröffnen sich nicht vielmehr Formen der Verbindung, des Kontakts und des Austauschs, die zuvor nicht sichtbar waren?

2. Zwei Ausstellungen und ein Fernseh-Dreiteiler

In Großbritannien ist es gebräuchlich, dass der Souverän der Epoche den Namen gibt. Zeitgenössisch praktiziert wurde dies bei den Viktorianern, die sich bereits unmittelbar im Anschluss an die Thronbesteigung 1837 selbst so bezeichneten.[8] Die »*Edwardian Era*«, die Epoche Edwards VII. von 1901 bis kurz vor dem Ausbruch des Ersten Weltkriegs, fand ebenfalls schnell Anhänger im Volksmund. Allerdings ist die Bezeichnung »*Edwardians*« für die Briten dieser Zeit weniger geläufig als bei den viktorianischen Vorgängern.[9] Dies gilt noch stärker für die Epoche der Könige aus dem Haus Hannover. Zwar hat sich in der Kunst und Architektur der Begriff »*Georgian*« als Bezeichnung der Epoche durchgesetzt. Doch eine Beschreibung der Menschen als »*Georgians*« erscheint missverständlich, da sich hinter diesem Begriff nicht nur die Briten der Zeit von 1714 bis 1830, sondern auch die Einwohner des europäischen Staats Georgien verbergen könnten.

Trotz dieser sprachlichen Einschränkung hat sich die *British Library* dazu entschlossen, ihre Ausstellung zu den Jubiläumsfeierlichkeiten 2014 unter der Überschrift »*Georgians Revealed*« anzukündigen. »*Life, Style and the Making of Modern Britain*« wollen die Kuratoren der Londoner Ausstellung den Besuchern präsentieren.[10] Anhand der vier Kategorien »*Homes and Gardens*«, »*Shopping and Fashion*«, »*Culture and Ideas*« sowie »*Leisure and Pleasure*« soll das alltägliche Leben der Briten jener Zeit veranschaulicht werden. Ausgangspunkt und Anlass für eine solche Betrachtung bleiben der Monarch und die Thronbesteigung Georg Ludwigs, des Kurfürsten von Hannover. »Für mehr als 100 Jahre saß ein König Georg auf dem britischen Thron«, heißt es in der Einleitung des Ausstellungskatalogs.[11] Allerdings interessieren sich die Ausstellungsmacher, so die Kuratorin Goodrich, nicht alleine für die Monarchie. Wesentlich stärker stehen die Folgen von Aufklärung und Industrialisierung, die Konsequenzen von Konsumgesellschaft und Kapitalismus im Mittelpunkt. Denn gezeigt werden sollen die Ursprünge der britischen Moderne, die im 17. und 18. Jahrhundert identifiziert werden.

Anhand des reichen Schatzes der *British Library* können Besucher unterschiedliche Facetten des Lebens in Großbritannien erleben. Dabei treffen sie auf Ausstellungsstücke wie Karikaturen, Druckschriften und Bücher. Unter den Exponaten finden sich außerdem Zeitschriften, Grafiken, Stiche sowie ein Teeservice. Auffällig ist, dass die welfische Dynastie in vielen Bereichen der Ausstellung nur am Rande präsent ist. Dass sich britische Kultur zum Zeitpunkt der protestantischen Thronfolge bereits deutlich vom Hof emanzipiert hatte, wird anhand zahlreicher Exponate deutlich. John Essex widmete seine 1710 publizierte Anleitung zum Tanz der Prinzessin Caroline von Ansbach. Doch »*Dancing for the King*« war nur einem kleinen Teil der Bevölkerung vorbehalten. Außerhalb des Hofes gab man sich diesem Vergnügen gleichermaßen hin. Und so erklärt es sich, dass in der Ausstellung neben Essex' Anleitung auch anderen Schriften Platz eingeräumt wird. So wurde beispielsweise Anfang des 19. Jahrhunderts heftig darüber diskutiert, ob der Walzer in seiner französischen oder österreichischen Form die Grenzen des guten Geschmacks und der Anständigkeit überschreiten würde.[12]

Ein weiteres Merkmal von »*Georgians Revealed*« ist, dass sich die Darstellung des Hauses Hannover an den Stellen, an denen die Mitglieder der welfischen Dynastie auftauchen, grundsätzlich von der kritischen Repräsentation früherer Beschreibungen unterscheidet. Dort wo vormals Kritik an den deutschen Souveränen und ihren Familien vorherrschte, finden sich nun neutrale, fast wohlwollende Darstellungen. Zwar erfährt man unter der Überschrift »*Leisure and Pleisure*«, dass die Schauspielerin Dorothy Jordan die langjährige Geliebte des Herzogs von Clarence, dem späteren König Wilhelm IV., war und ihm zehn Kinder gebar. Allerdings wird Dorothy Jordan in erster Linie als Teil der Londoner Theaterwelt beschrieben. Ein Stich Edwin Roffes aus dem Jahr 1850 dient als realistische Illustration.[13] Im Fundus der *British Library* finden sich aber gleichermaßen kritische Karikaturen, die der Geliebten des zukünftigen Königs in doppeldeutigen Anspielungen unterstellen, den Prinzen zu missbrauchen, um die eigene finanzielle und gesellschaftliche Position zu verbessern.[14] Doch Gillrays Karikaturen zu den Mätressen des Prinzen werden nicht ausgestellt.

Dieser zurückhaltende Umgang der Ausstellungsmacher mit der Monarchie zeigt sich auch in der Diskussion der Architektur. Zwar finden sich Hinweise auf die enge Beziehung zwischen den ambitionierten architektonischen Projekten des Prinzregenten Georg und »seines« Architekten John Nash, aber die nüchternen Abbildungen von Brighton Pavillion und die dazugehörige Beschreibung lassen wenig von den Skandalen erahnen, die die kostspieligen Bauprojekte in der zeitgenössischen Öffentlichkeit auslösten. Die zahlreichen kostspieligen Bauten des Prinzen von Wales führten zur Verschuldung, die 1795 durch eine Ehe mit Caroline von Braunschweig aufgefangen werden sollte. Die Gelder, die das Parlament dem verheirateten Thronfolger zur Verfügung stellte, reichten jedoch nicht aus, um die Bau- und Spielschulden zu begleichen.[15] Doch auch die Kritik an dem zukünftigen Georg IV. tritt in der Ausstellung in den Hintergrund.

Dies ist durchaus bemerkenswert. Denn was die Autorin Moira Goff für den Tanz des 18. Jahrhunderts formuliert, trifft für eine Anzahl von Themen der Ausstellung zu. Für vieles, was wir heute über die Epoche der »Georges« wissen, können wir nicht auf sachliche Beschreibungen, sondern ausschließlich auf satirische Darstellungen zurückgreifen. Kritik artikuliert sich oft am hörbarsten. Von den bekannten Karikaturen der Mitglieder der hannoverschen Dynastie finden sich in der Ausstellung allerdings nur zwei Werke des Karikaturisten James Gillray, eine Darstellung Georgs III. als frugaler Connoisseur und eine Karikatur auf den übergewichtigen Prinzregenten, der sich mit Verdauungsschmerzen herumschlagen muss.[16] Doch diese beiden Darstellungen stellen eine Ausnahme dar. Der Ansatz der Ausstellung scheint, die welfischen Könige ganz bewusst nicht mit den gewohnten kritischen Bildern, den zuvor so präsenten Karikaturen, zu beschreiben. In »Georgians Revealed« geht es nicht um den Blick durch das Schlüsselloch auf die Monarchie. Stattdessen wird aus dem Palast hinaus auf das Großbritannien der Zeit seit 1714 geschaut.

Der Monarch als Repräsentant seiner Zeit, so ließe sich formulieren, findet sich auch im Zentrum der Ausstellung der *Royal Collection*, die sich den Briten nicht nur vor Ort in der *Queen's Gallery* im Buckingham Palast, sondern auch in Form einer dreiteiligen Fernsehserie in Kooperation mit der BBC präsentiert.[17] Was die Darstellung im Fernsehen angeht, so haben die weiblichen Vertreter des hannoverschen Königshauses die Hauptrollen übernommen. Im ersten Teil der Serie, deren Titel voraussichtlich »*The Georgian Revolution*« lauten wird, steht Kurfürstin Sophie im Mittelpunkt. Der Kunstsinn der hannoverschen Kurfürstin, ihr sprachlicher Witz und ihr ambivalentes Verhältnis zu der englischen Königin Anna bieten sich an, um den britischen Fernsehzuschauer über den Ärmelkanal nach Herrenhausen zu locken.

Dabei zeigt sich bereits in diesem ersten Teil eine für das britische Geschichtsverständnis charakteristische Eigenart. Einzelne Ereignisse werden nicht aufgegriffen, um kausale Zusammenhänge aufzuzeigen. Es geht nicht darum zu beschreiben, dass aufgrund der dynastischen Verbindung zwischen Großbritannien und Hannover alles anders kam. Vielmehr wird versucht, von einem Ereignis ausgehend die Charakteristika einer Epoche einzufangen. In der anglo-amerikanischen Geschichtswissenschaft hat sich dafür der Begriff des »*historical moment*« herausgebildet.[18] In einer solchen Momentaufnahme verschwimmen das »Weil« und das »Während« einer Darstellung. Das Jubiläum der Thronbesteigung liefert in diesem Sinne lediglich die Legitimation, einen Blick in die Welt des 18. Jahrhunderts zu werfen. Von einem solchen Zugang machen auch die Produzenten der Fernsehserie Gebrauch, die gewissermaßen mit weitem Kameraobjektiv über den Hof und die Dynastie hinaus auf die britische Gesellschaft blicken.

Diese größere Perspektive zeigt sich auch im zweiten Teil der Serie. Dabei steht die politische Öffentlichkeit im Mittelpunkt. In Großbritannien war bereits 1695 die Vorzensur gefallen. Im Verlauf des 18. Jahrhunderts entwickelte sich ein Zeitungsmarkt, der sich von den Presselandschaften des europäischen Festlands deutlich unterschied. Wesentlich radikalere Positionen konnten, weitestgehend ohne Konsequenzen, öffentlich vertreten werden. Zeitungen wurden zentraler Bestandteil einer Gesellschaft, die bereits sehr stark die Züge einer Konsumgesellschaft trug.[19] Doch wo waren die »Royals« in dieser politischen Debatte zu finden?

Auch im Zusammenhang mit der Frage nach dem Bild der Monarchie zeigt sich, was oben bereits angesprochen wurde. Die BBC präsentiert nicht mehr Georg I. und seinen Sohn als Beispiele für eine missglückte und unwillige Repräsentation monarchischer Herrschaft im öffentlichen Raum, sondern geht wesentlich stärker auf die Mitglieder der welfischen Dynastie ein, die einen großen Teil der britischen Bevölkerung für sich gewinnen konnten. Dabei steht neben Friedrich, dem Prinzen von Wales, dem Sohn Georgs II., vor allem die Ehefrau Georgs II., Caroline von Ansbach, im Mittelpunkt der Darstellung. Als Sympathieträger fungierten die beiden als Repräsentanten einer modernen Monarchie und als wichtige Referenzpunkte für royalistische Argumente innerhalb der öffentlichen Debatte.[20]

Auch in Hinblick auf die politische Öffentlichkeit dienen die Monarchen als Ausgangspunkt. Doch die hochadeligen Vertreter machen im weiteren Verlauf der Darstellung anderen gesellschaftlichen Gruppen Platz. James Thornhills Entwürfe stehen noch im engen Zusammenhang mit dem Hof und der Thronfolge. Als Hofmaler gestaltete der Künstler aus Dorset die »Great Hall« im »Greenwich Hospital« als eine aufwendige Allegorie der protestantischen Sukzession. Die Landung Wilhelms von Oranien, die Auseinandersetzung mit den Stuarts und die Thronbesteigung Georgs I. sind in aufwendigen Deckenmalereien illustriert. In Thornhills Entwürfen, die mit zahlreichen Kommentaren versehen waren, zeigte sich, wie stark man in der zeitgenössischen darstellenden Kunst bereit war, die tatsächlichen Ereignisse künstlerisch umzugestalten, um einen positiveren Effekt zu erzielen.[21]

Mit einer ganz anderen Zielrichtung gestaltete William Hogarth seine sozialkritischen Grafiken zur Mitte des Jahrhunderts. Die dunklen Seiten des Großstadtlebens illustrierte der britische Künstler und Karikaturist. So wird dem Zuschauer auch hier das Leben jenseits des Palastes nahegebracht. Hogarth stellte in seinen Bildern jedoch nicht nur gesellschaftliche Missstände dar. Mit seinem Gemälde von David Garrick und dessen Frau begegnet man einem der bekanntesten Theaterschauspieler des 18. Jahrhunderts, der für die Unterhaltungswelt Londons von großer Bedeutung war.[22] Wie bereits im ersten Teil der Fernsehserie wird aus dem Jubiläum der Personalunion eine Einladung zum Spaziergang durch das 18. Jahrhundert, der sich oftmals vom Palast entfernt. Dennoch, und dies lässt sich an dieser Stelle anschaulich illustrieren, kehrt die Produktion regelmäßig wieder an den Hof zurück.

Denn das angeführte Hogarth-Portrait David Garricks erstand Friedrich, der Prinz von Wales. Und so findet es sich heute in der *Royal Collection* als eines der zentralen Exponate der Ausstellung.[23]

Auch im dritten und letzten Teil der BBC-Fernsehserie mäandert die Erzählung zwischen Hof und Gesellschaft. Chronologischer Schlusspunkt der Betrachtung ist der Siebenjährige Krieg von 1756 bis 1763, in dessen Verlauf Georg II. starb. Bereits die zeitgenössischen Politiker in Hannover und London waren überzeugt, dass dieser Weltkrieg vieles im Verhältnis zwischen Großbritannien und Hannover verändern würde.[24] Mit dem »neuen« Georg bestieg 1760 ein Monarch den Thron, der anders als seine beiden Vorgänger nicht in Hannover geboren worden war und der sich sehr kritisch gegenüber den Stammlanden der Dynastie äußerte.[25] Außerdem führten die ungeheuren Kosten des Krieges dazu, dass man innerhalb der parlamentarischen und politischen Kreise immer stärker zwischen einem Krieg zur See, der sogenannten »Blue water policy«, und dem Krieg auf dem Festland unterschied. Dieses »*continental commitment*«, wie es zeitgenössische Politiker nannten, das auch einen politischen Einsatz zugunsten des Kurfürstentums Hannover einschloss, verlor in diesem Zusammenhang stark an Popularität.[26]

Aber auch hier geht es den Produzenten der Fernsehserie nicht um eine Auseinandersetzung mit den politischen Varianten der Kriegs- und Friedenspolitik. Vielmehr ermöglicht der Siebenjährige Krieg als globaler Konflikt, der auch in Nordamerika geführt wurde, die Frage nach der Bedeutung des britischen Empires für Großbritannien. Hatte man sich im ersten Teil der Serie nach Herrenhausen begeben, so wird in der dritten Episode der Blick über den Atlantik gerichtet. Großbritannien war zur Mitte des 18. Jahrhunderts bereits ein Weltreich mit Besitzungen in der Karibik, in Nordamerika und mit wichtigen Stützpunkten in Asien.[27]

In den drei 45-minütigen Folgen der Fernsehserie wird der beschriebene Effekt der »Momentaufnahme« verstärkt. Die Ausstellung der *Royal Collection* in der *Queen's Gallery* entfernt sich nicht so deutlich vom Hof. Sie präsentiert 300 Werke aus der Sammlung der Mitglieder des hannoverschen Königshauses, um den »Geschmack« und die Patronage der Dynastie auszustellen. Doch auch hier wird die Thronbesteigung als eine »stille« Revolution beschrieben, die weite Teile der britischen Gesellschaft wesentlich betraf: »eine der wohl dramatischsten Epochen der britischen Geschichte, die das politische, intellektuelle und kulturelle Leben in Großbritannien grundlegend veränderte.«[28] Was der Monarch sammelte und förderte, so könnte man die Grundidee der Ausstellung zusammenfassen, soll als Hinweis auf eine Weltsicht und ein neues Verständnis der Zeit gelesen werden. Die Dynastie wird in diesem Verständnis Repräsentant einer Epoche. Bedeutet dies, dass Georg I. und Georg II. nur zwei der vielen anderen »*Georgians*« waren, die in der ersten Hälfte des 18. Jahrhunderts in Großbritannien lebten?

3. Aus der Personalunion zwischen Großbritannien und Hannover wird die Verbindung zweier »kompositer« Staaten

Eine der frühen Aufnahmen des britischen Films zeigt Königin Viktorias Beerdigung 1901. In einem großen Trauerumzug durch London zogen dynastische, militärische und zivile Würdenträger aus ganz Europa und dem Empire an einer großen Menge von Zuschauern vorbei. Bereits vor ihrem Tod wurde die britische Monarchin medial vielfach in Szene gesetzt. Zahlreiche Fotografien, öffentliche Veranstaltungen und Feste machten Viktoria zur ersten Medien-Monarchin, wie es der Historiker John Plunkett formuliert hat.[29] Die Monarchie erfand sich zu Ende des 19. Jahrhunderts neu. Sie nutzte neben den »neuen« Medien Fotografie und Film auch die Musik, die Kunst und das Zeremoniell, um sich ganz anders in Szene zu setzen.[30]

Im Scheinwerferlicht der spätviktorianischen Epoche erschien die Zeit der hannoverschen Monarchen lange Zeit trist und grau. Weder Georg I. noch Georg II. inszenierten sich in publikumswirksamer Weise. Entscheidend für das Verständnis der Epoche schien ganz im Gegenteil, dass sich der Fokus des sozialen, gesellschaftlichen und kulturellen Lebens vom Hof weg in eine kommerzielle Öffentlichkeit entwickelte. Allerdings bedeutete dies nicht, und das stellt ein wichtiges Ergebnis der jüngeren Forschung dar, dass der Monarchie dadurch keine Bedeutung mehr zukam. Nicht nur in der Presse, sondern in vielen Teilen des alltäglichen Lebens entwickelte sich ein Umgang mit der Monarchie, der zwar nicht vom Hof aus gesteuert und sanktioniert wurde, der aber für die Menschen von Bedeutung blieb.

Ein anschauliches Beispiel für die Unterscheidung zwischen Öffentlichkeitsarbeit des Hofes und Auseinandersetzung mit der Monarchie stellt das »*Doggett's Coat and Badge*« Ruderrennen dar, das seit ca. 1716 existiert und noch heute ausgetragen wird. Mehr als vier englische Meilen, fast sieben Kilometer, rudern sechs Ruderer von der London Bridge bis nach Chelsea. Eingebunden ist das Rennen in einen lokalen Kontext, ein Fest, das in der Hauptstadt regelmäßig gefeiert wurde. Die Erlöse des Rennens gingen ursprünglich zugunsten einer Vereinigung der Londoner Schiffer, die die Einwohner der Hauptstadt von einem Ufer zur anderen Seite der Themse brachten. Etabliert wurde dieses Ereignis allerdings nicht vom Hof und seinem Umfeld. Der irische Schauspieler Thomas Doggett, ein überzeugter *Whig*, der der Thronbesteigung des Hauses Hannover positiv gegenüberstand, beabsichtigte mit dem Ruderrennen ein Fest zu Ehren der Thronbesteigung Georgs I. zu etablieren. Und die Medaille, die der Sieger umhängen durfte, feierte die Freiheit, »Liberty«, als das Schlagwort der *Whigs*.[31]

Doggetts Ruderrennen stellt also ein Fest zu Ehren der Thronbesteigung Georgs I. dar. Doch gleichzeitig war es ein Ausdruck lokaler Verhältnisse, politischer Überzeugung und kommerzieller Interessen. Dies weist auf die Schwierigkeiten hin, der sich die Geschichtswissenschaft ausgesetzt sieht, wenn sie über die Popularität der Monarchie nachdenkt. Die Initiative zu dem Bootsrennen und zu vielen anderen Veranstaltungen kam oftmals nicht aus dem Palast. In diesen Fällen inszenierte sich nicht der Hof, der sich in Bezug auf Festlichkeiten stark an den bestehenden Gepflogenheiten orientierte. Dennoch feierte die britische Gesellschaft »ihre« Monarchie, allerdings mit all den Nebenwirkungen, die solche Veranstaltungen in einer Konsumgesellschaft mit heftig umstrittener Öffentlichkeit auslösen konnten.

Denkt man diese These weiter, so wird deutlich, dass eine erweiterte Perspektive auf die Gesellschaft Positionen sichtbar machen kann, die zuvor verborgen geblieben waren. Statt der unbeliebten Monarchen entdeckt man die populäre Monarchie. Dies hat man zunächst für den dritten Georg auf dem britischen Thron festgestellt. Der Souverän war trotz der republikanischen Kritik, die die Französische Revolution auslöste, ein populärer Monarch. Als er 1789 von schwerer Krankheit wieder genas, sandten Tausende Briten aus dem ganzen Land Glückwunschschreiben an den Hof.[32] Wenn man also die Inszenierung der Monarchie nicht auf die Aktivitäten des Hofes reduziert, sondern den Umgang der Gesellschaft mit der Institution Monarchie in den vielen Facetten, den Boots- und Ruderrennen, den Festveranstaltungen und dem Souvenirverkauf, betrachtet, entsteht ein neues Bild.

Diesen Aspekt haben Historikerinnen und Historiker aufgegriffen und auf andere Bereiche angewandt. So erklärt sich die Karriere, die Georg Friedrich Händel in London machte, nicht aufgrund seiner Beziehung zum Hof in Hannover. Vielmehr zog es den Musiker aus Halle in die britische Hauptstadt, um Geld zu verdienen und am Glanz der Musikwelt der britischen Metropole zu partizipieren. Dass seine Kompositionen auch am und für den Hof gespielt wurden, stellte in diesem Zusammenhang nur einen Teilaspekt dar.[33]

Je stärker sich die Forschung für die Lebenswelt der historischen Persönlichkeiten interessierte, desto deutlicher wurde, dass sich die Gesellschaft des 18. Jahrhunderts gleichermaßen komplex darstellte, wie dies moderne Gesellschaften heute tun. Für die Verbindung zwischen Großbritannien und Hannover bedeutete dies, dass gefragt wurde, inwieweit die dynastische Beziehung als Erklärung für individuelle Karrieren und Lebenswege ausreichte. Spielten nicht ganz andere Faktoren gleichermaßen eine Rolle? Der Astronom und Naturwissenschaftler Wilhelm Herschel erhielt vom Hof in Windsor finanzielle Unterstützung für seinen aufwendigen und kostspieligen Teleskopbau. Doch hatte Herschel bereits mehr als zwei Jahrzehnte in Großbritannien als Privatlehrer gelebt, bevor er in Kontakt mit dem Königshaus trat. Es war nicht die Personalunion, die Herschels Karriere in Großbritannien ermöglichte. Stattdessen führte die Popularität Herschels als Reaktion auf die Entdeckung des Planeten Uranus dazu, dass Georg III. den Wissenschaftler aus Hannover förderte.[34]

Die neueren Untersuchungen zeigten, dass man Biographien nicht ausschließlich als die Geschichte eines Lebens erzählen kann, sondern gleichermaßen nach den Umständen fragen sollte, die ein solches Leben möglich machten. Ein solcher Umgang mit individuellen Lebenswegen machte auch vor den Monarchen selbst nicht halt. Besonders Georg III., der lange als geisteskranker König galt, der die amerikanischen Kolonien verloren hatte, erfuhr so eine Neubewertung. Die Interessen Georgs für die Mechanik, die Astronomie und viele Bereiche der Kunst stellten das überlieferte Bild eines engstirnigen und naiven Menschen in Frage.[35]

Ein Nebeneffekt der Auseinandersetzung mit den naturwissenschaftlichen Interessen Georgs III. war auch, dass plötzlich Kontakte zwischen Briten und Hannoveranern deutlicher hervortraten, die so bisher nur am Rande erwähnt worden waren. Als Schirmherr der *Royal Society* unterstützte der Monarch den Entdecker James Cook bei seinen Unternehmungen. Auf den Reisen in die Südsee begleiteten Johann Reinhold Forster und sein Sohn Georg den englischen Naturwissenschaftler. Auch andere Gelehrte, die sich in der Regel aus der Professorenschaft der Universität Göttingen rekrutierten, traten in Kontakt mit britischen Naturwissenschaftlern. So entstand ein Netzwerk, das Großbritannien und Hannover verband.[36]

Solche Kontakte, die in den Bereichen Wissenschaft, Kunst und Militär bestanden, fügten sich in eine Diskussion ein, die in der Geschichtswissenschaft etwa seit den 1970er Jahren geführt worden war. Der Begriff »Personalunion« entstand bereits im 17. Jahrhundert in Abgrenzung zu einer realen Union. Sofern keine gemeinsamen Institutionen, kein gemeinsames Parlament (wie im Falle Englands und Schottlands), keine gemeinsamen politischen oder diplomatischen Vertretungen bestanden und sich die Verbindung allein in der Person des Herrschers ausdrückte, sollte man von einer Personalunion sprechen, so die gängige Lehrmeinung. Aber war eine solche Unterscheidung in der Lebenswelt der Menschen wirklich sinnvoll? Wenn Georg III. die Landwirtschaftsgesellschaft in Celle 1764 gründete, die einer Person wie Albrecht Thaer ermöglichte, auf der Grundlage seiner Beobachtungen der britischen Landwirtschaft zum Gründer der modernen Agrarwissenschaften in Deutschland zu avancieren, ergibt es dann Sinn, die Verbindung auf die Person des Herrschers zu reduzieren?

Als Reaktion auf diese Zweifel hat sich die Geschichtswissenschaft zu einem neuen Begriff entschieden. Statt von einer Personalunion sprach man nun zunehmend von »*composite statehood*«, was im Deutschen mit »kompositer« Staatlichkeit übersetzt wurde.[37] Im Grunde verbarg sich hinter dieser neuen Terminologie der Versuch, der auch in den beiden angeführten Ausstellungen und der BBC-Fernsehserie unternommen wurde. Es geht darum, nach den weiteren Konsequenzen der dynastischen Verbindung zu fragen, ohne sich dabei auf den Hof und die internationalen Beziehungen zu beschränken. Damit verbanden sich zahlreiche neue Erkenntnisse. Allerdings zeigte sich gleichermaßen, dass ein solcher Schritt auch Schwierigkeiten verursachen würde. Denn nicht nur für die BBC-Fernsehkameras gilt, dass eine weitere Perspektive dazu führt, zwar neue Bereiche deutlicher zu machen, andere jedoch verschwimmen zu lassen.

4. Gute Gründe in der Debatte für und gegen eine weite Perspektive

Bei Ausbruch des Siebenjährigen Krieges 1756 debattierten die Geheimen Räte in Hannover, ob die Verbindung zwischen dem Kurfürstentum und dem Königreich Großbritannien mehr Vorteile oder mehr Nachteile für die Stammlande des welfischen Königshauses beinhalte. In einer umstrittenen Abstimmung unter den Räten setzte sich die Position durch, dass die Fortführung der Personalunion sinnvoll sei. Aus Hannover kam daher die Empfehlung, von einer Trennung abzusehen.[38]

Diese Auseinandersetzung war nicht der erste Fall, in dem über die Auflösung der Personalunion diskutiert wurde. Im Grunde stritten sich Vertreter beider Seiten seit 1714 darüber, ob die dynastische Verbindung wieder aufgelöst werden konnte und sollte.[39] Und diese Debatte hat sich über das Ende der Personalunion hinweg fortgesetzt. Die Frage nach Vor- und Nachteilen der Beziehung hat viele Jahrzehnte auch die Geschichtswissenschaft dominiert. Und von britischer Seite reichte das Spektrum der Beurteilungen von Gleichgültigkeit bis zu Abneigung. Die Wochenzeitschrift »The Spectator« schrieb 1878 aus Anlass des Todes Georgs V.: »*Nothing in history is more strange, though it seems to us all so natural, than the quiet, persistent, immovable refusal of the English people, a refusal continued through seven generations, to care anything about Hanover.*«[40] Bis etwa in die 1970er Jahre hinein weigerte sich auch die britische Geschichtswissenschaft, die Personalunion als einen Aspekt der eigenen Geschichte zu verstehen.

Erst mit der Erweiterung der Perspektive auf neue Fragen und Gegenstände hat sich eine ausgewogenere Beurteilung durchgesetzt. Statt zu fragen, ob eine Trennung politisch »besser« oder »schlechter« für Hannover gewesen wäre, konzentrierte man sich auf die Frage, welche Konsequenzen die bestehende Personalunion in anderen Bereichen des Lebens besaß. Der Kontakt zwischen Vertretern der *Royal Society* und der Universität Göttingen bestand. Und unterstützt wurde diese Verbindung durch die Deutsche Kanzlei in London, ein Büro im *St. James's* Palast, in dem ein Geheimer Rat als Vertreter des Kollegiums des Kurfürstentums fungierte und die Kommunikation zwischen London und Hannover unterstützte.[41] Die Konsequenzen der dynastischen Verbindung wurden in diesem Sinne als die strukturellen Voraussetzungen verstanden, unter denen sich individuelle Ereignisse vollzogen. Ein solcher Zugang hatte den Vorteil, dass er sich nicht um historische Spekulation bemühen musste, da die Frage nach Vor- oder Nachteilen für die beiden Staaten stets die Frage nach dem »Was wäre gewesen« enthalten hatte.

In diesem Sinne fragen die beiden vorgestellten Ausstellungen in der britischen Hauptstadt sowie die Fernsehserie der BBC bewusst nicht nach der Alternative zur Thronfolge. Die Dynastie aus Deutschland, die Herrschaft der Hannoveraner auf dem britischen Thron, liefert stattdessen einen Orientierungspunkt, von dem aus die Welt des 18. Jahrhunderts vorgestellt und kennengelernt werden soll. Das Leben unter den »Georges« wird in den vielen unterschiedlichen Facetten dargestellt, ohne zu behaupten, dass sich die Monarchen für alle Bereiche verantwortlich sahen. Allerdings führt die Entfernung von Hof und Politik dazu, dass einige Trennlinien, die bisher allzu scharf gezogen wurden, verschwimmen. Dies beginnt bereits mit der Chronologie. Die »Georges« auf dem britischen Thron regierten bis 1830. Doch muss nicht auch Wilhelm IV. in die Reihe der Könige aus Hannover gerechnet werden? Die Gedenkbriefmarken, die die Royal Mail in diesem Jahr aus Anlass des Jubiläums herausgibt, bilden sogar noch Queen Victoria als Teil der »Georgians« ab.[42]

Ergeben dynastische Zäsuren überhaupt Sinn, wenn man sich auf strukturelle Veränderungen bezieht? Veränderungen in Wirtschaft, Wissenschaft und Kunst orientieren sich nur sehr geringfügig an den Lebensdaten souveräner Herrscher. Beschreibt man die Thronfolge als historischen Moment, den es aufgrund des Jubiläums in einer gesellschaftlichen Gesamtschau zu betrachten lohnt, entstehen zwei Gefahren. Zum einen kann der Gegenstand des Jubiläums verschwinden. Eine Ausstellung über »Leisure and Pleasure« im 18. Jahrhundert ließe sich zu jedem anderen Zeitpunkt rechtfertigen. Die Geschichte des britischen Empires kann von vielen anderen Anfangspunkten aus erzählt werden. Braucht man Kurfürstin Sophie und ihre Nachfolger, um das zu zeigen, was in diesem Jahr in der *British Library* und der *Royal Collection* zu sehen ist?

Die zweite Schwierigkeit besteht in der Umkehrung dieses Arguments. Wenn die Kuratorin der *Royal Collection* schreibt, dass mit der Thronbesteigung des Hauses Hannover eine stille Revolution in Großbritannien begann, die die britische Gesellschaft grundlegend veränderte, muss dann nicht daraus folgen, dass sich Großbritannien aufgrund der Thronfolge veränderte? Impliziert dieses »gleichzeitig« nicht auch einen kausalen Zusammenhang? Und wäre eine solche Vorstellung gerechtfertigt?

Es muss als ein großer Fortschritt in der Diskussion über die Personalunion verstanden werden, dass sich auch in Großbritannien eine einseitig negative Beurteilung der Verbindung zwischen dem Vereinigten Königreich und dem Kurfürstentum, seit 1814 Königreich Hannover nicht mehr durchsetzen kann. Die dynastische Verbindung reduzierte sich nicht allein auf Fragen der Politik, sondern wirkte in viele Lebensbereiche der Menschen in Großbritannien und Hannover hinein. Besonders deutlich wird dies in Bereichen, für die nationale Grenzen weniger entscheidend waren als in der Außenpolitik. Ob in dieser Perspektive die welfische Dynastie sichtbar bleibt und die Monarchie in der Epoche der »Georges« einen angemessenen Platz in den Feiern des Jubiläums erhält, ist keine einfach zu beantwortende Frage. Ob das Verhältnis zwischen der Bewertung des politischen Ereignisses der Sukzession auf der einen Seite und der Frage nach der Monarchie als Produkt und Ausdruck ihrer Zeit auf der anderen angemessen dar- und ausgestellt worden ist, davon können sich die Besucher der beiden Ausstellungen und die Zuschauer der BBC-Fernsehserie in den kommenden Monaten ein Bild machen.[43]

Anmerkungen

1 Für die Schilderung der Ereignisse siehe: Morning Chronicle, 2.8.1814; Caledonian Mercury, 6.8.1814, sowie die Schilderung im Gentleman's Magazine von 1814, 179–181.
2 Bis zur Rückkehr Napoleons aus Elba im Frühjahr 1815 ging man von einem endgültigen Frieden aus.
3 Torsten Riotte: Hannover in der britischen Politik. Dynastische Verbindung als Element außenpolitischer Entscheidungsprozesse. Münster 2005, 209–210.
4 George Cruikshank: The Modern Don Quixote, or the Fire King, vgl. dazu Dorothy M. George: Catalogue of Political and Personal Satires in the Departments of Prints and Drawings in the British Museum 9. London 1949, Nr. 12301.
5 Edgar Kalthoff: Die englischen Könige des Hauses Hannover im Urteil der britischen Geschichtsschreibung. Niedersächsisches Jahrbuch für Landesgeschichte 30, 1958, 54–197; Torsten Riotte: Das Haus Hannover in der angelsächsischen Forschung. Niedersächsisches Jahrbuch für Landesgeschichte 79, 2007, 325–334.
6 Der Text basiert auf dem Katalog Moira Goff, John Goldfinch, Karen Limper-Herz und Helen Peden (Hrsg.): *Georgians Revealed*. Life, Style and the Making of Modern Britain. London 2013. Dazu ein Interview mit Sebastian Barfield, dem Produzenten der 3-teiligen BBC-Serie »*The Georgian Revolution*«. Informationen zur Ausstellung der *Royal Collection* wurden der Website entnommen (http://www.royalcollection.org.uk/). Außerdem wurde der *Surveyor of the Queen's Pictures*, Desmond Shawe-Taylor, zur Konzeption der Ausstellung befragt. An dieser Stelle sei allen Beteiligten für die Bereitschaft zur Auskunft gedankt.
7 Goff u.a. (wie Anm. 6), 6.
8 John Gardiner: The Victorians. An age in retrospect. London, New York 2002, 4.
9 Der Begriff entwickelte erst in Retrospektive als Kritik der Epoche seine eigentliche Wirkungskraft, dazu Vita Sackville-West: The Edwardians. London 1930.
10 Goff u.a. (wie Anm. 6).
11 Ebd., 6.
12 Moira Goff: Dancing and Assemblies. In: Goff u.a. (wie Anm. 6), 124–145.
13 Moira Goff: Theatre and Celebrity Culture. In: Goff u.a. (wie Anm. 6), 80–103.
14 James Gillray: The Devil to pay. The wife metamorphos'd, or Neptune reposing, after Fording the Jordan. London 1791. Vgl. dazu Dorothy M. George (wie Anm. 4) Bd. 6, London 1938, Nr. 7908.
15 Karen Limper-Herz: Architecture. In: Goff u.a. (wie Anm. 6), 26–33. Für eine kritischere Perspektive Steven Parissien: George IV. The Grand Entertainment. London 2001, 116–142. Zur Ehe mit Caroline: Flora Fraser: The unruly Queen. London 1996, 32–72.
16 James Gillray: A Connoisseur Examining a Cooper, 1792, und James Gillray: A Voluptuary under the Horrors of Digestion, 1792, abgedruckt in: Amanda Goodrich: Introduction. In: Goff u.a. (wie Anm. 6), 6–7.
17 Der nachfolgende Teil basiert auf dem Interview mit dem Produzenten Sebastian Barfield.
18 John Greville Agard Pocock: The Machiavellian Moment. Florentine Political Thought and the Atlantic Republican Tradition. Princeton 1975. Pocock und Quentin Scinner können als einflussreiche Vertreter der Cambridge School gelten.
19 Zur Presse: Michael Schaich: The Public Sphere. In: Peter Wilson (Hrsg.): A Companion to Eighteenth-Century Europe. Oxford 2008, 125–140. Zu Markt und Konsum: Christiane Eisenberg: Englands Weg in die Marktgesellschaft. Göttingen 2009.
20 Hannah Smith, Georgian Monarchy. Politics and Culture, 1714–1760. Cambridge 2006.

21 Tabitha Barber: Sir James Thornhill (1675/6–1734). In: Oxford Dictionary of National Biography. Oxford 2004, online edition, Jan 2008 [http://www.oxforddnb.com/view/article/27350, abgerufen am 7.1.2014].
22 David Bindman: William Hogarth (1697–1764). In: Oxford Dictionary of National Biography. Oxford 2004, online edition, May 2009 [http://www.oxforddnb.com/view/article/13464, abgerufen am 7.1.2014].
23 http://www.royalcollection.org.uk/exhibitions/the-first-georgians-art-monarchy-1714-1760, abgerufen am 7.1.2014.
24 Jeremy Black: The Crown, Hanover and the Shift in British Foreign Policy in the 1760s. In: Ders. (Hrsg.): Knights Errant and True Englishmen. British Foreign Policy 1660–1800. Edinburgh 1989, 113–134.
25 Die neueste biographische Arbeit: George Cannon: George III. Oxford 2007.
26 Richard Harding: British maritime strategy and Hanover, 1714–1763. In: Brendan Simms und Torsten Riotte (Hrsg.): The Hanoverian Dimension in British History, 1714–1837. Cambridge 2007, 252–274.
27 Als gute deutschsprachige Einführung: Peter Wende: Das britische Empire. Geschichte eines Weltreiches. München 2009.
28 http://www.royalcollection.org.uk/exhibitions/the-first-georgians-art-monarchy-1714-1760, abgerufen am 7.1.2014.
29 John Plunkett: Queen Victoria. The First Media Monarch. Oxford 2003.
30 David Cannadine: The Context, Performance and Meaning of Ritual. The British Monarchy and the ›Invention of Tradition‹, c. 1820–1977. In: Eric Hobsbawm und Terence Ranger (Hrsg.): The Invention of Tradition. Cambridge 1983, 101–164.
31 Hannah Smith (wie Anm. 20): 1–16.
32 Harry Thomas Dickinson: Popular Conservatism and Militant Loyalism, 1789–1815. In: Ders. (Hrsg.): Britain and the French Revolution, 1789–1815. London 1989, 103–125. Linda Colley: The Apotheosis of George III. Loyalty, Royalty and the British Nation, 1760–1820. Past and Present 102, 1984, 94–129.
33 An der Universität Göttingen entstehen in diesem Zusammenhang zwei vielversprechende Dissertationen: Timo Evers: Bach nach London, Händel nach Hannover: August Friedrich Christoph Kollmann als musikalischer Mittler im Raum der Personalunion. Johanna Schatke: Religiöse Musik als verbindendes Kulturgut innerhalb des Kommunikationsraums »Personalunion«. Vgl. dazu die Website des Promotionskollegs: https://www.uni-goettingen.de/de/kollegiaten/200236.html, abgerufen am 7.1.2014.
34 Michael Hoskin: William Herschel (1738–1822). In: Oxford Dictionary of National Biography 26. Oxford 2004, 831–837.
35 Jane Roberts (Hrsg.): George III and Queen Charlotte. Patronage, Collecting and Court Taste. London 2004.
36 Thomas Biskup: The University of Göttingen and the Personal Union, 1737–1837. In: Brendan Simms und Torsten Riotte (Hrsg.; wie Anm. 26), 128–160.
37 Torsten Riotte: Transfer durch Personalunion: Großbritannien-Hannover 1714–1837. In: Europäische Geschichte Online (EGO), hrsg. vom Leibniz-Institut für Europäische Geschichte (IEG), Mainz 2012. URL: http://www.ieg-ego.eu/riottet-2012-de, abgerufen am 7.1.2014.
38 Hermann Wellenreuther: Die Bedeutung des Siebenjährigen Krieges für die englisch-hannoverschen Beziehungen. In: Adolf M. Birke und Kurt Kluxen (Hrsg.): England und Hannover. München, London 1986, 145–175.
39 Richard Drögereit: Das Testament König Georgs I. und die Frage der Personalunion zwischen England und Hannover. Niedersächsisches Jahrbuch für Landesgeschichte 14, 1937, 94–199.
40 The Burial of Hanover. Spectator 22, Juni 1878.
41 Thomas Biskup (wie Anm. 36).

42 Ein Verweis auf die Gedenkbriefmarken findet sich auf der Seite der Deutschen Botschaft in London, die eine Reihe weiterer Veranstaltungen zum Jubiläum ankündigt. Vgl. dazu: http://www.london.diplo.de/Vertretung/london/de/091-Personalunion/0Personalunion.html, abgerufen am 7.1.2014. Zur Frage, ob Königin Viktoria als »Hanoverian« zu verstehen ist: David Cannadine: The Last Hanoverian Sovereign?: The Victorian Monarchy in Historical Perspective, 1688–1988. In: A. Lee Beier, David Cannadine und James Rosenheim (Hrsg.): The First Modern Society. Essays in English History in Honor of Lawrence Stone. Cambridge 1989, 127–165.

43 Die Ausstellung »*The First Georgians: Art & Monarchy 1714–1760*« läuft vom 11.4. bis 12.10.2014 in der Queen's Gallery, Buckingham Palace. Die Ausstellung »*Georgians Revealed*« ist vom 8.11.2013 bis 11.3.2014 in der British Library, London, zu sehen.

Autorinnen und Autoren

Dr. Dieter Brosius
Ltd. Archivdirektor a.D. des
Niedersächsischen Landesarchivs –
Hauptstaatsarchiv Hannover
Delpweg 15, 30457 Hannover
brosius-hannover@t-online.de

Timo Evers M.A.
Promotionskolleg »Die Personalunion
zwischen Großbritannien und Hannover
1714–1837«
Georg-August-Universität Göttingen
Heinrich-Düker-Weg 10, 37073 Göttingen
timo.evers@stud.uni-goettingen.de

Solveig Grebe M.A.
Promotionskolleg »Die Personalunion
zwischen Großbritannien und Hannover
1714–1837«
Georg-August-Universität Hannover
Heinrich-Düker-Weg 10, 37073 Göttingen
solveig.grebe@googlemail.com

Dr. Gerd van den Heuvel
Gottfried Wilhelm Leibniz Bibliothek/
Niedersächsische Landesbibliothek
Leibnizarchiv
Waterloostr. 8, 30169 Hannover
gerd.vandenHeuvel@gwlb.de

Prof. Dr. Arnd Reitemeier
Institut für Historische Landesforschung
Georg-August-Universität Göttingen
Heinrich-Düker-Weg 14, 37073 Göttingen
arnd.reitemeier@phil.uni-goettingen.de

Dr. Torsten Riotte
Historisches Seminar
Johann Wolfgang Goethe-Universität
Campus Westend, Grüneburgplatz 1,
60629 Frankfurt a.M.
t.riotte@em.uni-frankfurt.de

Dr. Christian Vogel
Projektkoordinator der Niedersächsischen
Landesausstellung 2014
Niedersächsisches Landesmuseum
Willy-Brandt-Allee 5, 30169 Hannover
christian.vogel@nlm-h.niedersachsen.de

Prof. Dr. Andreas Waczkat
Musikwissenschaftliches Seminar
Georg-August-Universität Göttingen
Kurze Geismarstraße 1, 37073 Göttingen
andreas.waczkat@phil.uni-goettingen.de

Dr. Ulrike Weiß
Lecturer, Museum & Gallery Studies
School of Art History
University of St. Andrews
79 North Street, St. Andrews KY16 9AL
uew@st-andrews.ac.uk

1/2014

Redaktion

Annedörthe Anker
Am Weidengrund 1
38112 Braunschweig
Tel.: 0531 321832
E-Mail: anker-anker@t-online.de

Dr. Arno Brandt
CIMA Institut für
Regionalwirtschaft GmbH
Moocksgang 5
30169 Hannover
Tel.: 0511 22007950
E-Mail: brandt@cima.de

Prof. Dr. Rainer Danielzyk
Akademie für Raumforschung
und Landesplanung (ARL)
Leibniz-Forum für
Raumwissenschaften
Hohenzollernstraße 11
30161 Hannover
Tel.: 0511 3484236
E-Mail: danielzyk@arl-net.de

Prof. Dr. Dietrich Fürst
Westermannweg 35
30419 Hannover
Tel:. 0511 797662
E-Mail: dietrich.fuerst@
t-online.de

Dr. Ansgar Hoppe
Göbelstraße 19
30163 Hannover
Tel.: 0511 7100640
E-Mail: ansgar.hoppe@arcor.de

Prof. Dr. Hansjörg Küster
Universität Hannover
Institut für Geobotanik
Nienburger Straße 17
30167 Hannover
Tel.: 0511 7623632
E-Mail: kuester@geobotanik.
uni-hannover.de

Prof. Dr. Axel Priebs
Region Hannover
Höltystraße 17
30171 Hannover
Tel.: 0511 61622565
E-Mail: axel.priebs@
region-hannover.de

Prof. Dr. Ing. Dietmar Scholich
Akademie für Raumforschung
und Landesplanung (ARL)
Leibniz-Forum für
Raumwissenschaften
Hohenzollernstraße 11
30161 Hannover
Tel.: 0511 3484237
E-Mail: scholich@arl-net.de

Dr. Jobst Seeber
Transferstelle dialog
Carl von Ossietzky Universität
Oldenburg
Regio GmbH
Tel.: 0441 7982912
E-Mail: seeber@dialog.uni-
oldenburg.de

Alexander Skubowius
Region Hannover,
Fachbereich Wirtschafts- und
Beschäftigungsförderung
Haus der Wirtschaftsförderung
Vahrenwalder Straße 7
30165 Hannover
Tel: 0511 6162354
E-Mail: alexander.skubowius@
region-hannover.de

Impressum

Verantwortlich für die Ausgabe: Dr. Rainer Ertel und Prof. Dr. Hansjörg Küster

© 2014 Wachholtz Verlag, Neumünster/Hamburg
© 2014 Wissenschaftliche Gesellschaft zum Studium Niedersachsens e.V., Hannover

Das Werk, einschließlich aller seiner Teile, ist urheberrechtlich geschützt. Jede Verwertung ist ohne Zustimmung des Verlags unzulässig. Das gilt insbesondere für Vervielfältigungen, Übersetzungen, Mikroverfilmungen und die Einspeicherung und Verarbeitung in elektronischen Systemen.

Layout & Satz: Martin Grundmann, Hamburg
Gesamtherstellung: Wachholtz Verlag
Printed in Germany

ISBN 978-3-529-06460-9
ISSN 0342-1511

Preis pro Einzelheft: 15,00 € (D) · 15,40 € (A) · sFr 21,90

Besuchen Sie uns im Internet: www.wachholtz-verlag.de

WISSENSCHAFTLICHE GESELLSCHAFT ZUM STUDIUM NIEDERSACHSENS E. V.

Sehr geehrte Leserinnen und Leser,

die Wissenschaftliche Gesellschaft zum Studium Niedersachsens e. V. ist eine gemeinnützige Organisation, die 1925 gegründet wurde und deren Aufgabe es ist, sich mit der Situation und Entwicklung Niedersachsens wissenschaftlich aus historischer, sozialwissenschaftlicher, raumwissenschaftlicher, ökologischer und ökonomischer Perspektive zu befassen. Sie regt Themen an, führt dazu Tagungen durch, fördert den wissenschaftlichen Nachwuchs über Preise und Veröffentlichungen und verfügt über ein weites Netzwerk von interessierten Wissenschaftlern und Praktikern aus Wirtschaft, Verbänden, Politik und Verwaltung auf Landes-, Regional- und Kommunalebene.

Unsere Zeitschrift »NEUES ARCHIV für NIEDERSACHSEN« erscheint zweimal pro Jahr. Die Hefte behandeln überwiegend Schwerpunktthemen.

Mit diesem Heft möchten wir Sie anregen, dem Verein als Mitglied beizutreten.

Sollten wir Sie für eine Mitgliedschaft oder das Abonnement der Zeitschrift interessieren können, wenden Sie sich bitte an Redaktion oder Verlag.

Mit freundlichen Grüßen

Prof. Dr. Hansjörg Küster
(Vorsitzender)

Prof. Dr. Dietrich Fürst (Stv. Vorsitzender)